이 책은 신학에서도 신론 부분의 목회적 적용편이라고 할 수 있다. 책을 읽으면서, 하나님의 속성 교리를 설득력있게 성도의 삶 중심으로 실제적으로 말해 주는 저자의 목회적 실력에 내내 감탄하지 않을 수 없었다. 두 가지 점에서 이 책은 탁월하다. 첫째, 하나님의 속성 교리에 대한 신학적 내용이 매우 탄탄하다. 이 진리에 깊이 천착하여 그리스도인의 삶에 접근하는 저자의 방식은 진리에 근거한 적용보다는 그리스도인의 삶에 대한 피상적 접근과 가벼운 처방에(렘 6:14) 익숙한 우리에게는 묵직한 도전이 아닐 수 없다. 이 점에서 독자들은 신학의 유용함 내지는 진리의 감화력을 경험할 수 있을 것이다. 둘째, 이 탄탄한 신학의 우물로부터 저자가 길어내는 깊고도 실제적인 목회적 적용이 놀랍다. 독자들은 하나님을 아는 지식이 자신의 신앙에 얼마나 결정적인 역할을 하는지 느낄 수 있을 것이다. 그리고 '그 진리가 우리의 불면증 완화에 도움을 주는 방식'이라는 부제처럼, 저자가 치밀한 논리로 이끌어가는 진리를 따라가다 보면 독자는 하나님의 품안에서 깊은 잠에 곯아떨어지는 경험을 하게 될지도 모르겠다. 이 책에는 이유식같이 부드럽게 삼킬 수 있는 내용들이 많지만, 오래도록 잘 씹어서 넘겨야 하는 단단한 내용들도 적지 않다. 그러나 버릴 것이 하나도 없다. 서두르지 말고 천천히 저자와 함께 이 진리의 여행을 시작해 보라.

김형익, 벧샬롬교회 담임목사, 『우리가 하나님을 오해했다』 저자

놀랍게도 이 책은 하나님의 무능력을 다룬다. 그것도 12가지나 말이다. 부제도 제목만큼이나 불경스럽다. 그러나 '들어가는 글'부터 찬찬히 읽어가다 보면 기발함은 어느새 경건함으로, 불경함은 이내 경외감으로 바뀌는 경험을 하게 될 것이다. 세 가지 이유에서 이 책을 강력 추천한다. 우선 이 책은 기본적으로 하나님에 관한 책이다. 오늘날 시급히 회복되어야 할 교리가 있다면 하나님에 관한 교리일 것이다. 사람들이 바른 교훈을 받지 아니하며 귀가 가려워서 자기의 사욕을 따를 스승을 많이 두는(딤후 4:3-4) 이 때에 우리의 하나님께로 시선을 돌리게 만드는 이 책의 출현을 열렬히 환영한다. 둘째, 이 책은 하나님에 관한 교리를 다루지만 신학뿐만 아니라 역사와 철학과 변증학과 문학과 예술의 경계를 자유자재로 넘나든다. 그럼에도 언제나 하나님의 진리의 말씀인 성경으로 시작한다. 저자는 우리를 성경의 하나님으로 안내하고 그분의 진리의 말씀으로 위로한다. 셋째, 이 책은 자칫 어려워질 수 있는 신론 주제를 보통 사람들도 쉽게 접근할 수 있게 눈높이를 맞춰준다. 저자는 하나님의 존재와 속성이라는 신론의 근본 주제들을 다루지만 전개 방식이 현학적이지 않고 까다롭지도 않다. 더욱이 각 장을 여는 예화들은 해당 주제에 순식간에 몰입시키는 힘이 있다. 치명적으로 매력적이다. 이제 저자의 말처럼 졸지도 주무시지도 않는 전능하신 하나님께서 우리를 구원하시기 위해 친히 잠을 주무셨다는 사실을 알고 나면, 우리는 안도할 수 있고 숙면을 취할 수 있을 것이다. 이 책을 읽고 난 후 하나님 주시는 평안 가운데 푹 잘 자도록 하자.

신호섭, 올곧은교회 담임목사, 『교회다운 교회』 저자

참된 신자는 하나님에 대해 더 알고 싶어하며 하나님을 더 알수록 더욱 기뻐한다. 그것은 그들이 하나님의 형상대로 지음 받았을 뿐만 아니라, 점점 더 그 형상을 따라 변화하고 있기 때문이다. 하나님의 속성에 대해 설명하고 있는 이 책은 다음과 같은 특별한 면모가 있다. 첫째, 어려운 신학적 진리를 너무나도 쉽게 설명하고 있다. 하나님의 속성을 다룬 책 중에 이렇게 재미있는 책은 드물 것이다. 둘째, 일상의 예를 들어서 기독교의 진리를 효과적으로 변증하고 있다. 목회자인 저자의 경험과 독서를 바탕으로 따뜻하면서도 설득력 있게 독자에게 다가가고 있다. 셋째, 가장 적절한 성경 구절들을 제시하면서 탁월하게 주해하고 있다. 그렇기에 설교자들은 이 책을 가지고 시리즈 설교를 쉽게 구성해 볼 수도 있을 것이다. 좋은 책을 통해 하나님을 점점 더 알아가는 즐거움은 수많은 피조물 가운데 지상의 그리스도인들만이 제대로 경험할 수 있는 가장 독특한 체험이다. 그 놀라운 경험을 이 책을 통해 만끽해 보길 적극 권한다.

우병훈, 고신대학교 신학과 교의학 교수, 『교리 설교의 모든 것』 저자

이 책은 언뜻 보아도 매우 흥미를 끄는 주제를 다루고 있고, 각 장의 제목에서도 느끼겠지만 다소 도발적인 인상을 주기도 한다. 하지만 본문을 찬찬히 읽어나가다 보면 현상적으로 느꼈던 오해나 의혹이 서서히 풀려나가는 것을 경험하게 될 것이다. 잠을 주무시는 하나님이라는 표현도 그리스도의 인성과 관련해서 쓰는 표현이며, 저자가 하나님께서 하실 수 없는 일들이라 열거한 12가지의 내용은 모두 성경적인 표현들이다. 매년 봄학기만 개혁주의 신론을 강의하고 있는 조직신학 교수로서 이 책에 담긴 하나님의 참된 전능성에 대한 역설적인 해설들이 매우 흥미롭게 다가오며 성경적인 신관 정립에 일조할 것으로 생각하여 권독하는 바이다. 다만 어떤 표현들은—내게는 주무시는 하나님, 시험받으시는 하나님 등의 표현이 그렇게 다가오는데—도발적이고 지나치지 않느냐고 고개를 갸우뚱하게 되거나 저자의 견해를 비판할 수도 있을 것이다. 책 읽기의 목적이 바로 그러한 비판적인 대화를 지향하는 바도 있고, 그런 과정에서 무엇이 더 성경적인 내용이고 표현인지를 발견하는 데로 전진하게 되리라 생각한다. 우리 하나님이 하실 수 없는 12가지 내용은 결국 아우구스티누스의 말대로 무능력의 표현이 아니라 참된 전능성의 표현이라는 것을 확인하게 되기를 바라고, 다소 가볍게 여겨질지도 모르겠으나 이러한 하나님을 아는 것이 우리의 숙면에 도움이 된다는 점도 틀린 말이 아님을 알게 될 것이다. 왜냐하면 다니엘의 말대로 오직 자기의 하나님을 아는 백성은 강하여 용맹을 떨치게 될 정도이기 때문이다(단 11:32하).

이상웅, 총신대학교 신학대학원 조직신학 교수, 『로마서 강해: 삼위일체 하나님의 복음』 저자

우리는 하나님의 능하심뿐 아니라 그분의 '행하실 수 없는 것들'(Cannots) 속에서도 하나님 되심의 영광을 발견한다! 그것은 우리에게 진정한 안전이란 무엇인지 알게 하며 깊은 숙면을 취하게 하는 데도 충분히 효과적이다. 하나님이 행하실 수 없는 일들에 대해 묵상할 때, 하나님에 대한 우리의 생각과 시야가 더 넓고 깊고 견고해지길 기도한다. 또한 이 책 중간마다 하나님이 예수 그리스도 안에서 추가로 행하신 놀라운 일들을 상고할 때, 우리를 향해 더욱 친밀하게 다가오시는 사랑의 하나님을 만나길 기도한다.
데이비드 마티스, 〈디자이어링갓〉 수석편집인, 세인트폴 시티스 교회 목사, 『은혜받는 습관』 저자

이 책은 우리에게 '왜 신학이 중요한지', '왜 정통신학이 중요한지', '왜 은사 출중한 신학자를 만나는 것이 중요한지'를 보여주는 훌륭한 사례이다. 우리를 양육하고, 지켜주고, 그렇다, 우리를 편히 잠들게(?) 하는 데 반드시 필요한 다소 무거울 수 있는 내용들이 저자의 재치 있는 터치와 목회적 기민함으로 균형을 이루고 있다. 그 결과는 우리 삶에 연관성 있고 대단한 효용을 가져오는 탁월한 신학적 강해다. 매우 강력하게 추천한다.
댄 스트랜지, 〈크로스랜드 포럼〉 디렉터, 'Making Faith Magnetic' 저자

마침내, 우리를 잠들게 하는 데 성공했다고 자부할 책이 나왔다! 이 책은 우리에게 깊은 평안을 가져다주고 견고한 믿음을 불러일으킨다. 저자에게는 하나님의 본질에 관한 심오한 진리를 보통 사람들도 쉽게 다가갈 수 있게 만드는 비범한 은사가 있다. 이 책은 우주의 창조주이신 하나님에 대한 더 방대한 지식을 선물하며, 새로운 차원으로, 하나님의 완전하신 성품에 다시금 사로잡히게 할 것이다. 진심을 다해 이 책의 일독을 권하는 바이다.
필 녹스, 〈에반젤리컬 얼라이언스〉 청년 사역 담당자, 'Story Bearer' 저자

이 아름다운 책을 읽으면 어안이 벙벙해지는 동시에 마음에 감동이 전해진다. 각 장마다 하나님의 본성과 성품에 대한 더 깊은 이해를 돕기 위해 창조주/피조물 간의 차이를 깊이 탐구하면서, 창의적이고 성경적인 방식으로 하나님에 관한 놀라운 진리를 드러내고 있다. 우리의 삶에 그리고 우리의 사랑에 놀라운 변화를 가져다 줄 것이다. 페이지를 넘길 때마다 하나님을 향한 우리의 신뢰는 더욱 견고해질 것이며, 하나님의 위대하심에 주목함으로 그분을 향한 우리의 사랑도 더욱 깊어질 것을 확신한다.
멜라니 레이시, 〈그로잉 영 디사이플스〉 대표

이 책을 강력히 추천한다. 오늘 우리에게는 위대한 성경적 가르침에 관해서 접근 용이한 형식으로 집필된 책이 필요하다. 이 책에서 터커 박사는 아주 흥미롭고 명쾌한 방식으로, 하나님에 관한 기독교 신앙의 실천적 개론을 소개하고 있다. 이 책이 여러 교회에서 폭넓게 사용되길 간절히 바라는 바이다.
피터 젠슨, 성공회 시드니 대주교, 무어신학대학 총장

예상했던 것보다 훨씬 더 나의 영혼을 살찌우고 마음을 기쁘게 하는 책이다. 하나님이 행하실 수 없는 일들에 우리의 생각을 집중시킴으로, 저자는 성경이 어떻게 우리를 안심시키는지 그리고 어떤 방식으로 우리의 믿음을 새롭게 하는지 보여준다. 하나님은 정말로 우리와는 차원이 다른 존재시다. 그렇기 때문에 우리는 우리의 창조주 안에서 영혼의 참된 안식을 찾을 수 있고, 그분 안에서 기뻐할 수 있는 온갖 이유를 얻게 된다. 이 엄청난 책을 주의 깊게 읽었는데도 아무런 유익을 얻지 못했다는 성도가 나타난다면 나는 진짜 까무러칠 것이다.

닐 포웰, 버밍엄시티 교회 목사

하나님에 관한 신학서적이라면서 분량이 그리 많지 않다는 이유로 묘한 매력을 가진 이 책을 절대 지나쳐서는 안 된다. 이 책은 영국 드라마 '닥터 후'에 나오는 타임머신 타디스에 버금가는 보물이다. 이 책의 기발한 제목처럼 우리를 정말 대단하고 신기하고 놀라운 여정으로 줄곧 안내한다. 가령, 변증학에 관한 신뢰할 만한 단기 집중코스를 제공하다가, 어느 순간, 신론, 기독론, 인간론의 가슴 벅찬 주제로 넘어가서는, 신학/역사/철학의 환상적인 프레임 안에서 하나님의 핵심 진리들을 능숙하게 다룬다. 이 책의 목표는 단지 우리의 생각을 교정하는 데 있지 않으며, 하나님에 관해 올바르게 생각하도록 하는 데 있다. 하나님에 관한 바른 생각을 가질 때 우리의 정체성과 섬김과 사랑과 기쁨에 대한 이해가 제자리를 잡을 수 있기 때문이다. 그리고 그 일이 얼마나 중요한 사안인지를 탁월한 방식으로 보여준다. 우리를 지으신 창조주 하나님을 즐거워하는 기쁨을 알게 하는 이 책은 모든 그리스도인의 필독서가 되어야 마땅하다.

리처드 커닝햄, 영국 기독학생회 더 크리스천 유니온스(UCCF) 대표

저자가 이 책을 통해 풀어놓은 내용은 대단한 업적이라 할 만하다. 그리스도인에게 가장 어려운 주제이기도 한 삼위일체 하나님의 본질에 관한 여러 진리를 독자들에게 효과적으로 이해시키기 때문이다. 오랜 세월에 걸쳐 그리스도인들은 다음과 같은 질문으로 씨름해 왔다. 하나님은 정말로 모든 것을 아시는가? 그것이 우리의 자유 의지에 어떻게 작용하는가? 하나님은 그분의 마음을 바꾸실 수 있는가? 하나님도 우리처럼 고통을 겪으실 수 있는가? 저자는 사람들이 하나님에 관해 던지는 질문 중에서도 가장 복잡한 열두 가지 질문들과 씨름한다. 성경의 가르침에 충실하되 기독교 전통의 최고 지성들과의 대화를 즐겨 인용하면서 각 질문들에 대한 답변을 내놓는다. 신학적 진리가 풍성하고 실천적 예화들도 가득한 이 책을 하나님에 대해 더 깊이 알고 싶은 모든 그리스도인에게 반드시 추천하고 싶다. 아쉬운 점 한 가지가 있다면, 내가 좀 더 젊었을 때 이 책이 출간되었어야 마땅했다는 것이다!

변슬기, 그로브시티 대학 성서학, 종교학 및 철학과 교수

하나님이 행하실 수 없는 12가지

12 Things God Can't Do

by Nick Tucker

하나님이 행하실 수 없는 12가지

닉 터커 지음 | 김태형 옮김

그 진리가 우리의
불면증 완화에 도움을
주는 방식

좋은씨앗

마이클 존 오베이를 기억하며

차례

들어가는 글		13
은혜의 선택 1: 잠을 주무시는 하나님		28
1장	하나님은 배우실 수 없다	35
2장	하나님은 놀라실 수 없다	55
3장	하나님은 마음을 바꾸실 수 없다	71
은혜의 선택 2: 학교에 가신 하나님		86
4장	하나님은 눈에 보이실 수 없다	95
5장	하나님도 때로는 차마 못 보신다	111
은혜의 선택 3: 육신이 되신 하나님		127
6장	하나님은 변하실 수 없다	133

7장	하나님은 외로우실 수 없다	*151*
8장	하나님은 고통을 겪으실 수 없다	*165*
9장	하나님은 죽으실 수 없다	*181*
은혜의 선택 4: 홀로 고통을 겪으시고 죽으신 하나님		*190*
10장	하나님은 악에게 시험 받으실 수 없다	*201*
11장	하나님은 거짓말하실 수 없다	*215*
은혜의 선택 5: 시험을 받으신 하나님		*229*
12장	하나님은 자기를 부인하실 수 없다	*239*
감사의 글		*247*

들어가는 글
단잠을 선물하시는 하나님

"큰일이네요. 어쩌실 거예요?"

그녀가 진심으로 하는 말인지, 아니면 농담인지 잘 구분이 안 갔다. 과거의 씁쓸한 경험을 통해 하나 깨달은 것이 있다. 누군가 내게 '큰일이네요'라고 말하면, 내가 문제의 근원일 소지가 꽤 있다는 것이다. 하지만 그녀의 반짝이는 눈과 예사롭지 않은 미소에서 뭔가 완전히 잘못된 것은 아닐 수 있겠다는 느낌이 들었다.

"아이구, 저런." 나도 모르게 추임새가 나왔다. "제가 또 무슨 말실수를 한 건가요?"(경험상 대부분 그랬다.)

"제가 오늘 아침에는 참석을 못할 뻔했지 뭐예요." 그녀의 답변을 들으니 다소 안심이 됐다. 나는 어느 교회에서 마련한 주말 사경회의 강사로 초빙을 받아 섬기던 중이었다. 그러니 만일 교회 차량 운행에 차질이 생겼다면 분명 내 잘못은 아니겠거니 안심한 것이다.

"이게 다 목사님 때문이라고요." 그녀는 여전히 내 탓을 하는 듯했다.

"아이구 그러시군요, 참말로 죄송하게 되었습니다…." 나는 대체 무슨 영문인지 궁금했다.

알고 보니, 이 여자 성도는 몇 년 전에 남편과 사별한 상태였다. 남편을 먼저 보낸 이후로, 그녀는 하루도 제대로 잘 수 없었다고 한다. 그런데 사경회 둘째 날을 맞이한 그날 아침, 그녀에게 평소와는 다른 일이 벌어졌다. 이른 아침부터 이어지는 참새들의 요란한 합창 소리를 그녀는 듣지 못했다. 새벽녘에 잠을 깨면 말똥말똥한 눈으로, 억지로 침대에 누워있던 평소 때와는 딴판이었던 것이다. 오히려 그녀는 현관문을 '쾅쾅' 두드리는 소리에 화들짝 놀라 잠에서 깼다. 정신을 차려 보니, 사경회에 같이 가기로 약속한 성도가 집 앞에 차를 대놓고 한참이나 기다렸던 것이다. 오, 그녀는 단지 지난 밤 숙면을 취한 정도가 아니었다. 해가 중천에 뜨도록 늦잠을 자버린 것이다! 누가 업어가도 모를 정도로!

이 일을 어째서 내 잘못이라고 말하는 것일까? 그녀는 전날 밤 내 설교를 들으면서 졸음이 싹 사라졌다고 했다. 평소대로라면 그 반대였을 것이다. 나의 설교가 사람들을 꾸벅꾸벅 졸게 한다는 사실은 결코 새삼스러운 일이 아니었다. 그러다 설교가 끝나면 대개 사람들은 단잠에서 깨어나곤 했다. 그런데 그녀에게 이번만큼은 달랐던 모양이다. (이것은 나에게도 정말 평소와 다른 뜻밖의 사건이었음을 인정할 수밖에 없다!) 즉, 사경회의 설교 제목, '하나님이 행하실 수 없는 12가지, 그 진리가 우리의 단잠을 돕는 방식에 대하여'(12 Things God Can't Do and How They Can Help You Sleep at Night)에서 암시된 사건이 현실에서 일어났던 것이다!

똑같은 제목의 이 책을 읽는 동안, 당신에게도 비슷한 일이 일어났으면 좋겠다. 실제로 하나님에 대한 올바른 지식을 얻으면 얻을수록 우리는 더 곤히 잠들 수 있다.

무슨 엉뚱한 소릴 하냐고? 다윗 왕에게 물어보라.

다윗의 하나님을 아는 지식

시편 3편은 다윗이 극심한 불안과 스트레스 가득한 환경에 처해 있음을 보여준다. "여호와여 나의 대적이 어찌 그리 많은지요 일어나 나를 치는 자가 많으니이다"(1절). 다윗의 형편이 얼마나 심각했던지, 온 동네 사람들이 "그는 하나님께 구원을 받지 못한다"며 수군거릴 정도였다(2절). 다윗은 자신의 아들 압살롬에게서 도망쳐야 했던 비극적인 상황에서 이 시편을 기록했다. 당시 압살롬은 왕위 찬탈을 위해 쿠데타를 일으켰고, 한동안 그것은 제법 성공한 듯 보였다(참고, 삼하 15-18장). 다윗은 당장의 위기에선 벗어났지만 결국 대적의 손아귀에서 벗어날 수 있을지 비관적인 상황이었다.

그런데 시편 3편은 그야말로 깜짝 놀랄 선언을 하고 있다. "내가 누워 자고 깨었으니 여호와께서 나를 붙드심이로다"(5절). 이 고백에서 "내가 …깨었으니"라는 부분, 즉 잠이 들었는데 다음날 다시 멀쩡하게 살아서 눈을 떴다는 사실이 다윗 스스로는 아마도 놀랍고 감사한 경험이었던 것으로 보인다. 한밤중에도 다윗의 대적들이 사방으로 우겨싼 채 그의 목숨을 호시탐탐 노렸을 것을 감안하면 당연한 반응이다.

그런데 내가 생각하기에는, 다윗이 그런 상황에서조차 '잠이 들 수 있었다'는 사실 자체가 가장 놀랍다!

잠을 자는 행위는 대체로 내가 안전하다고 느낄 때 가능한 법이다. 낯선 장소에서 첫날 맞이하는 밤을 생각해 보라. 대개는 밤늦도록 정신이 말똥말똥하지 않은가? 설령 어떻게 잠이 든다 해도 수시로 잠에서 깨어 뒤척이지 않는가? 다음날은 하루 종일 후유증에 시달릴 게 분명하다.

낯선 환경에서 우리의 뇌는 여러 위험 요소들에 대한 경계를 늦추지 않는다.[1] 이러한 사실을 곰곰이 생각해 보면, 우리가 평소 잠에 곯아떨어지는 것이 얼마나 위대한 신뢰의 행위인지 깨닫게 된다. 잠이 들 때마다 우리는 취약한 상태에 놓일 수밖에 없다. 한번 잠에 빠지면 내 주변에 무슨 일이 일어나는지 알 길이 없기 때문이다. 잠이 들고 나면 스스로를 전혀 보호할 수 없다. 스트레스 혹은 위협에 직면할 때, 우리 몸은 '투쟁-도피'(fight or flight)의 메커니즘으로 반응한다. 우리 몸의 이러한 메커니즘 때문에 교감신경계가 활성화 되면서 스트레스 상태에선 편안하게 단잠을 자는 것이 어려워진다.

---

1 "Night Watch in One Brain Hemisphere during Sleep Associated with the First-Night Effect in Humans", https://www.cell.com/current-biology/fulltext/S0960-9822(16)30174-9 (접속날짜: 2021년 10월 4일).

그렇다면, 다윗이 겪었던 것처럼, 적개심 가득한 사람들이 실제로 나를 해치기 위해 뒤쫓고 있다면? 곤히 잠든다는 것은 꿈도 못 꿀 일이 아니겠는가? 밤이 늦었다고 해서, 나의 목숨을 노리는 대적이나 암살자가 잠깐 쉬러 집에 돌아가는 것은 아니다. 깊은 새벽에도 내 곁에서 동료들이 주변을 경계하며 나를 지켜준다면, 오직 그런 경우에만 잠시 눈을 붙이는 게 그나마 안심이 된다. 그런데 다윗은 그 극한의 스트레스와 끔찍한 형편에서도 단잠에 들 수 있었다. 그 이유가 무엇인가?

그 어떤 충직한 동료나 부하 군인보다 훨씬 더 강하고 든든하신 이가 다윗을 눈동자처럼 지켜주신다는 사실을 알았기 때문이다. "여호와여 주는 나의 방패시요"(3절). 다윗은 이 놀라운 지식으로 인하여 자신의 안전을 확신하면서, "천만인이 나를 에워싸 진 친다 하여도 나는 두려워하지 아니하리이다"(6절)라고 고백할 수 있었다. 다음 장에서도 다윗은 이렇게 선언한다. "내가 평안히 눕고 자기도 하리니 나를 안전히 살게 하시는 이는 오직 여호와이시니이다"(시 4:8).

다윗은 여호와 하나님이 얼마나 크고 강한 분이신지 잘 알았다. 또한 다윗은 하나님이 약속을 반드시 지키시는 신실한 분이심을 명확히 인지했다. 이 책의 목표는 다윗처럼 우리도 그런 확신을 동일하게 누리게 하는 데 있다. 이 책을 통해 우리 모두가 하나님의 크고 위대하심을 조금이나마 맛보게 되길 소망한다. 그 위대하심을 한번 맛보면 세상을 바라보는 우리의 시각도 바뀔 것이 분명하다. 물론 꿀잠도 경험하게 될 것이다!

하나님이 행하실 수 없는 일들

하나님의 위대하심을 생각할 때, 우리는 하나님이 '행하실 수 있는' 일들에 대해 이야기하는 경향이 있다. 한편으론 당연하고 자연스러운 반응이다. 그러나 이 책에서 우리는 하나님이 '행하실 수 없는' 일에 대해 생각해 보려고 한다. 그것도 열두 가지나 말이다. 크고 위대하신 하나님이 결코 행하실 수 없는 것들이 있다는 게 뜻밖이지 않은가? 하지만 그게 무엇인지 알고 나면, 오히려 하나님의 크고 위대하심에 더욱 놀라게 될 것이다.

무슨 뚱딴지 같은 소리냐고? 수면에 대해 이야기해 왔으니, 주제에 걸맞는 예를 들어 보겠다. '하나님은 주무실 수 없는 분이다'라는 사실에 대해 생각해 보자. 이것은 특히 시편 121편에서 분명하게 선포하는 만고불변의 진리다. 시편 121편은 예루살렘으로 향하는 도전적이고 (게다가 힘든 오르막이 있는) 위험한 여행길에서 순례자들이 부르던'성전에 올라가는 노래'(Songs of Ascent) 가운데 하나다. 고된 순례의 행렬 속에서 그들은 서로를 격려하고 위로하기 위해 하나님을 향한 찬미의 노래를 함께 불렀다.

여호와께서 너를 실족하지 아니하게 하시며
　너를 지키시는 이가 졸지 아니하시리로다

> 이스라엘을 지키시는 이는 졸지도 아니하시고
> 주무시지도 아니하시리로다(시 121:3-4).

마치 탁월한 축구선수처럼, 하나님은 절대로 공에서 눈을 떼는 법이 없으시다. 하나님은 결코 잠드는 법이 없으시며, 자기 백성을 돌보고 지키시는 일에 전혀 실수가 없으시다. 하나님이 쉬지 않으시기 때문에 그의 백성은 마음 놓고 쉴 수 있다. 〈레미제라블〉의 저자 빅토르 위고는 이러한 진리를 다음과 같은 아름다운 글로 표현했다.

> 인생에 큰 슬픔이 있을 때면 용기를 내고,
> 작은 슬픔들이 있을 때면 인내하라
> 당신의 고된 일과를 힘들게 마쳤다면
> 평안히 잠자리에 들라. 하나님이 깨어계시니[2]

수면이 절대로 필요한 우리는 잠을 잘 수밖에 없다. 하나님은 그렇지 않으시다. 이 사실은 이 책의 일관된 내용, 즉 '하나님은 우리와 같지 않으시다'는 진리를 뒷받침하는 한 가지 사례에 불과하다. 이 진리를 깨닫고 제대로 붙들 수 있다면, 이 책에서 전개될 다른 모든 이야기도 훨씬 더 실제적으로 체감될 것이라고 장담한다.

2　Victor Hugo, "To Savinien Lapointe, March, 1841" in *The Letters of Victor Hugo: From Exile, and After the Fall of the Empire*, ed. Paul Meurice (Houghton, Mifflin and Company, 1898), p 23.

비교 불가능한 하나님

우리는 우리 자신의 관점에서 사물을 보는 경향이 있다. 그래서 하나님을 마치 우리와 유사한 존재로 착각하곤 한다. '하나님 아버지는 기본적으로는 나와 비슷한 분인데, 단지 나보다 크신 분, 훨씬 더 크신 분이 아니겠는가'라는 식으로 말이다. 그러나 하나님이 우리가 반드시 깨닫길 바라시는 것 하나가 있다. 하나님은 이 세상 그 무엇과도 전혀 비교할 수 없는 완전히 다른 존재라는 사실이다. 우리는 하나님을 세상의 어떤 피조물과도 유사한 방식으로 생각해서는 안 된다. 우리는 잠을 자야 하는 존재이지만, 하나님은 결코 잠이 필요없는 존재이시다!

이사야 40장은 내가 사랑하는 성경 본문 가운데 하나이다. 해당 본문은 하나님이 자기 백성을 구하러 오실 것에 대한 예언적 선포로 시작한다(1-5절). 하지만 이스라엘이 맞닿은 현실은 비참하고 심지어 악화일로인 것처럼 보인다. 그렇다면 하나님의 백성은 자신들에게 구원이 임할 것을 어떻게 확신할 수 있을까?

> 보라 주 여호와께서 장차 강한 자로 임하실 것이요 '친히 그의 팔로'(with a mighty arm) 다스리실 것이라 보라 상급이 그에게 있고 보응이 그의 앞에 있으며 그는 목자 같이 양 떼를 먹이시며 어린 양을 그 팔로 모아 품에 안으시며 젖먹이는 암컷들을 온순히 인도하시리로다 (사 40:10-11).

"큰 권능의 팔"(a mighty arm)로 다스리시는 여호와, 그 이스라엘의 하나님이 얼마나 크고 강하고 능하신 분인지를 백성에게 일깨워주기 위해 이사야는 이렇게 반문한다. "누가 손바닥으로 바닷물을 헤아렸으며 뼘으로 하늘을 쟀으며 땅의 티끌을 되에 담아 보았으며 접시 저울로 산들을, 막대 저울로 언덕들을 달아 보았으랴"(12절). 이사야의 질문에 대한 답은 명쾌하다. '이러한 일을 행하실 수 있는 분은 오직 여호와 하나님밖에 없으시다.' 하나님은 무엇이든 자신이 원하는 일을 행하실 수 있는 유일무이한 신이다. 하나님의 권능의 팔을 제대로 이해한다면 어떻게 될까? 이사야의 표현처럼, 세상의 모든 바닷물을 한 손에 거뜬히 담으시는 그분의 넉넉함을 상상만 해도, 하나님의 백성은 사실상 근심에 사로잡힐 필요가 없다. 그토록 크고 광대하신 주 하나님은 어떤 상황에서도 우리를 충분히 구원해 내실 분이다.

이사야 40장에서는 이 같은 '질문과 대답'의 패턴이 여러 차례 반복된다. 우리 역시도 "하나님은 어떠한 분이신가?"라는 질문을 스스로에게 던져보길 바라는 의도가 담겨 있다. 직접 자신에게 물어보라. 이사야 40장의 하나님은 어떠한 분이신가? 곧바로 하나님은 광대하시고 한없이 지혜로우시며, 가장 선하시며, 가히 헤아릴 수 없는 분이라고 말할지도 모르겠다. 전적으로 옳은 말이다. 이사야는 어떤 식으로 대답했는가? "하나님은 어떠한 분이신가?"라는 질문에 이사야는 "하나님은 그 무엇과도 (또는 그 누구와도) 같지 않으신 분이다"를 반복적으로 답하고 있다. 이사야는 몇 번이고 반복해서 "결코 아무도 없다!"(no one)라고 대답할 수밖에 없는 질문들을 계속 던지며 자신의 요점을 강조한다. "그가 누구와 더불어 의논하셨느냐?"(14절). 하나님이 의논할 상대는 아무도 없다. "그런즉 너희가 하나님을 누구와 같다 하겠느냐?"(18절). 하나님과 같다고 할 자는 아무도 없다. "그런즉 너희가 나를 누구에게 비교하여 나를 그와 동등하게 하겠느냐?"(25절). 하나님과 비교할 대상은 아무도 없다.

결코 아무도 없다. 하나님은 비할 데 없으신, 무엇과도 비교 불가능한(incomparable) 존재시다.

하나님은 그 광대함에 있어서 비할 데 없으신 분이다. 끝없이 펼쳐진 광활한 우주조차 하나님과 비교하면 그저 코딱지만 할 뿐이다. 하나님은 자신의 손 한 뼘으로 하늘의 크기를 재고 땅의 티끌을 한 되에 담으시는 분이다(사 40:12). 하나님은 그 방대한 지식에 있어서도 비할 데 없으신 분이다. 지금까지 하나님은 그 누구에게서 어떠한 배움도 얻을 필요가 없으셨다. 하나님은 또한 비할 데 없이 거룩하신 분이다.

구약시대 성전의 제사 제도는 하나님의 거룩하심을 이스라엘 백성에게 눈에 보이는 방식으로 상기시켜주는 기능을 했다. 성전 제단에서는 날마다 짐승이 제물로 죽임을 당했고 불살라졌다. 그 메시지는 분명했다. 거룩하신 하나님께 가까이 나오는 일은 매우 엄숙하고 심각한 사안이며, 값비싼 희생을 치러야 하는 일이고, 피 흘림이 요구되는 살벌한 거래인 것이다. 이사야는 그 메시지를 강조하기 위해 이러한 이미지를 더 과장된 방식으로 사용한다. 이사야는 레바논—거대한 백향목으로 잘 알려진 지역—을 예로 들며 다음과 같이 언급한다. '너희가 레바논의 모든 나무들을 벌목해 그 목재들을 겹겹이 쌓아 거대한 제단을 만들고 하나님께 번제를 드린다고 상상해 보라.' 하늘로 어마어마하게 치솟는 그 불길은 세상이 한 번도 목격한 적 없는 무시무시하고 경이로운 광경이 될 것이 분명하다. 거기에 이사야는 이렇게 덧붙인다. '그 정도로는 충분하지 않다. 이 풍요로운 대지의 모든 짐승과 가축을 다 잡아 하나님께 희생제물로 바친다고 할지라도, 그것으로 인간이 거룩하신 하나님께 나아가기에는 절대 충분하지가 않다.'

너무 지나치지 않은가? 이렇게까지 했는데도 하나님이 인간에게 거룩의 면류관 하나 씌워주지 않을 정도로 박하시단 말인가? 하나님은 '자기-애'(ego)가 과대 망상적으로 부풀어 있는 존재시라는 말인가? 아니다. 하나님은 우리에게 항상 더 많은 것을 희생하도록 요구하는 그런 이기적인 존재가 절대로 아니다.

영화 '위대한 쇼맨'(The Greatest Showman)을 본 적이 있는가? 영화에는 인기 오페라 가수 제니 린드(Jenny Lind)란 인물이 등장한다. 그녀는 세간의 명예와 갈채를 추구하지만 만족함을 모르는 욕구 가운데, "눈부시게 빛나는 무수한 스포트라이트를 받아도 …절대로 충분하지 않을 거예요"라며 노래를 부른다. 사탄은 하나님을 마치 그런 존재로 오해하도록 우리를 시험 들게 할 수 있다. 단순하게 말해, 설령 우리가 온 우주만물을 총동원해서 그 안에 있는 것들을 전부 다 하나님께 제물로 바친다 할지라도, 그런 영광조차, 이기적인 하나님은 전혀 만족하지 못하신다는 거짓말을 외쳐댄다. 마치 영화 속 제니 린드처럼 하나님의 내면에는 결코 채워지지 않는 사랑과 인정에 대한 깊은 갈망이 자리해 있다는 식이다. 그러나 이는 결코 사실이 아니다. 우리가 섬기는 하나님에게는 그런 욕구가 전혀 없으며, 그분에게는 아무것도 부족한 것이 없다. 그러므로 우리가 가진 모든 것을 드린다 해도 그것 때문에 만족하신 하나님이 우리를 거룩하다 하시는 것이 아니다.

 우리가 드리는 찬양, 우리가 드리는 예배, 우리가 드리는 헌신, 우리가 드리는 예물—이 모든 것은 우리가 하나님께 드리기에 좋은 것들이며 우리 입장에서 바치기에 유용한 것들일 뿐이다. 하나님이 정말로 우리의 그 모든 헌신과 예물과 정성을 필요로 하시는 것은 아니다. 하나님은 우리처럼 돈이 궁하신 분이 아니다! 하나님은 매일 칭송 받고 매일 찬양 받지 않으면 견딜 수 없는 자존감 낮은 분도 아니다. 그분은 말씀으로 온 우주를 창조하신 창조주 하나님이 아닌가! 그러므로 하나님은 어떤 식으로든 우리의 도움이나 희생이 전혀 필요 없으신 분이다. 하나님은 일손이 부족하여 우리를 고용해야만 하는 분이 아니다. 우리의 창조주 하나님은 전적으로 자기충족적이신 (self-sufficient) 분, 그러니까 홀로 살아가시는 데 어느 것 하나도 모자람이 없으신 분이다. 우리에게 주어진 거룩은 그저 하나님의 은혜에 따른 선물일 뿐이다.

    마찬가지로 우리가 지금 하나님과 맺고 있는 관계, 사실상 그것은 하나님이 우리를 필요로 해서가 아니라, 놀랍게도 하나님이 우리를 사랑하시기 때문에 선물로 허락하신 것이다. 하나님은 우리에게 복을 베풀기를 기뻐하신다. 우리가 하나님을 위해 뭔가를 행해서가 아니며, 그분에게 뭔가를 드려서도 아니다. 그저 하나님이 그렇게 하기 원하셔서 우리에게 복을 베푸시는 것이다.

스스로 존재하시는 하나님

좀 더 묵상해 보자. 하나님이 우리를 필요로 하신 것이 아니다. 하나님은 다만 우리를 사랑하실 뿐이다. 우리가 하나님의 능력과 그분의 영광과 거룩하심을 더 깊이 인식할수록, 하나님과 관계를 맺을 수 있는 유일한 출처는 오직 하나님의 사랑밖에 없다는 사실을 더 깊이 깨닫게 될 것이다. 하나님은 우리와는 비교할 수 없을 정도로 광대하신 분이기 때문에, 하나님이 먼저 우리에게 자신을 적극적으로 나타내지 않으셨다면 우리로서는 하나님을 알 길이 전혀 없었을 것이다. 그런데 놀랍게도 하나님은 다양한 방식으로 우리에게 자신을 나타내 주셨다. 그 가운데 하나가 바로 하나님이 자신의 이름을 우리에게 계시해 주신 일이다.

    사실 이름이라고 하는 것은 그것이 속한 문화에서는 고유의 의미를 담고 있지만, 다른 문화로 넘어가면 그 이름의 본래 의미가 전혀 전달되지 않는 경우도 있다. 나의 누이가 잠시 아프리카에서 아이들을 가르친 적이 있는데, 당시 그녀가 가르쳤던 한 아이의 이름은 '순수한 오소리'(Innocent Badger)였다. 당시 아프리카에서 겪은 흥미진진한 모험들을 신나게 이야기하던 누이의 이메일 편지를 읽었을 때, 서구 문화에 살고 있는 우리 가족에게는 그 이름이 무척이나 엉뚱했다. 이것은 하나의 재밌는 에피소드지만, 우리가 성경 속 이름들이 함의하는 바를 제대로 해석하지 못하는 실수를 하게 될 경우, 우리 또한 마찬가지로 성경이 본래 의도했던 중요한 부분을 놓칠 수 있다.

사실, 성경의 이름들은 엄청난 의미로 가득하다. 심지어 하나님은 성경 인물들의 정체성을 새롭게 변화시키는 하나의 방편으로 그들의 이름을 바꾸곤 하신다. 아브람은 아브라함(열국의 아비)이 되었고, 어부 시몬은 베드로(반석)가 되었다. 이처럼 하나님은 성경에서 여러 인물들에게 이름을 지어주셨지만, 그 누구도 감히 하나님의 이름을 밝혀내지 못했다. 오직 하나님이 스스로 자신의 이름, "나는 스스로 있는 자이니라"('I am who I am'), 또는 "스스로 있는 자"('I am', 즉 'Yahweh')를 자기 백성에게 계시해 주셨을 뿐이다(출 3:14).

이것은 무엇을 의미하는가? 이는 하나님이 완전하고 철저하게 독립적인 존재임을 의미한다. 하나님은 오직 단 하나의 이유, 즉 스스로 존재하시는 분(who he is)이기에 존재하시는 분이다. 지구상에 존재하는 그 누구도, 그 무엇도 감히 이와 같은 주장을 할 수 없다. '나'라는 존재는 그 근본 기원이 하나님에게 있다. 나를 낳으신 부모님, 그리고 부모님의 부모님, 그 이전 세대 모두 누군가가 있었기에 존재하게 되었다고 표현할 수 있을 것이다. 결국, '나'라는 존재는 결코 독립적으로 세상에 나타난 게 아니다. 나보다 앞서 수많은 사람들이 서로 만나고 결혼하고 자녀들을 낳았기 때문에 지금의 내가 존재하는 것이다. 그러나 하나님의 경우는 완전히 다르다. 하나님은 그저 "존재하시는" 분이다. 존재하시되 그 처음도 없고 끝도 없으신 분이다.

라틴어를 사용하기 좋아하는 신학자들은 이러한 개념을 가리켜 하나님의 '자존성'(aseity, 자기 존재의 근거 또는 원인을 자기 자신에게서 찾는 존재 방식)이라고 표현한다. 하나님의 "존재의 근거가 그분 자신에게 있다"는 것이다. 이것은 가장 근본이 되는 개념이다. 이것 없이 우리는 하나님을 절대로 이해할 수 없다. 그러므로 하나님은 자존하시는(self-existent) 하나님이다. 그분은 창조되지 않으신 창조주(uncreated Creator)로서 모든 만물을 창조하신 하나님이다. 창조의 모든 세계는 하나님 없이는 존재할 수 없지만, 하나님은 창조 세계 없이도 홀로 존재하실 수 있다. 이 세상 없이도 여전히 혼자서 존재하는 게 가능하다니! 개인적으로는 내가 존재하지 않는 이 세상을 상상하기란 무척 힘들다. 하지만 이 세상은 나 없이도 장구한 세월의 대부분을 잘만 존재해 왔다. 반면, 이 세상이 존재하기 위해서는 항상 그분의 존재가 우선적으로 필요했다. 바로 이러한 사실에서 하나님이 어떠한 분이신지에 대한 개념이 부분적으로 설명된다.

앞으로 더 보겠지만, 이것 말고도 하나님을 조금이나마 이해하는 데 도움이 되는 여러 다양한 개념들이 있다. 이 책의 궁극적인 목표 역시 우리 눈에 보이지 않는 하나님을 흐릿하게나마 더 알아가는 데 있다. 그 목표에 한 걸음 다가서게 될 때, 우리의 수면 패턴의 변화뿐 아니라 그 이상의 중요한 변화 또한 일어나게 될 것이다. 사실 '하나님이 행하실 수 없는 12가지'라는 제목은, 하나님의 본질과 속성의 여러 단면들을 살펴보고자 하는 의도가 담긴 표현이다. 여기서 소개하는 하나님의 속성들 덕분에, 우리는 비로소 안심할 수 있고 기뻐할 수 있으며, 경외심으로 하나님을 경배할 수 있을 것이다. 그리고 결국에는 숙면을 취한 덕분에 이전과는 다른 상쾌한 아침을 맞이할 수 있을 것이다.

/////////////// **은혜의 선택 1: 잠을 주무시는 하나님** ///////////////

하나님이 행하실 수 없는 12가지 일에 대해 본격적으로 이야기하기 전에, 먼저 짚고 넘어가야 할 부분이 있다. 이 책의 중간중간 (은혜의 선택이라는 제목이 달린) 글이 마련돼 있다. 이 글의 취지는 하나님이 행하실 수 없는 일들임에도 불구하고, 하나님 자신의 뜻에 따라, 성육신(하신 예수 그리스도)를 통하여, 실제로 그 일들을 행하셨다는 사실을 묵상해 보는 데 있다.

우리가 이미 시작했던 주제를 예로 들어보자. 하나님은 잠을 주무시지 않는 분이다. 잠을 잔다는 것은 하나님의 본성과는 어울리지 않는 매우 인간적인 경험이다. 그런데 마태, 마가, 누가의 복음서가 증거하는 예수님에 대한 여러 기사 중에서 다음의 이야기를 읽을 때면 독자들은 혼란을 느낄지도 모르겠다.

우리 대부분에게 익숙한 내용이다. 예수님과 제자들이 바다 한가운데서 풍랑에 휘말린다. 갈릴리 바다에서는 갑작스럽게 거센 풍랑이 휘몰아치곤 했다. 예수님과 함께 있던 제자들은 숙련된 어부였고 노련한 뱃사공이었지만, 그럼에도 불구하고 그들은 자신들에 비해 바다에는 전혀 익숙하지 않아 보였던 예수님에게 필사적으로 도움을 청해야 했다. "선생님, 우리가 이렇게 죽게 되었는데도 아무런 신경도 쓰지 않으십니까? 우리를 좀 살려주십시오." 제자들의 긴급 요청에 예수님은 자리에서 일어나 바람과 파도를 향해 잠잠할 것을 명령하셨고 그 즉시 풍랑이 멈췄다.

사실 영어나 다른 언어의 번역본에는 명확히 드러나지 않지만, 헬라어 본문을 보면 이 이야기 속에는 하나의 재밌는 언어적 장치가 숨어 있다. 특히 마가는 폭풍을 잠잠케 하시는 예수님에 대한 이 기사를, 풍랑과 고요함의 규모가 서로 필적함을 암시하는 특별한 방식으로 소개하고 있다(막 4:35-41). 마가는 이 폭풍을 "메가"('mega', '거대한/엄청난') 풍랑이라고 표현하고(개역개정. '큰' 광풍), 이후 그 잠잠해진 상태 또한 "메가"('mega', '거대한/엄청난') 고요함이라고 표현한다(개역개정. '아주' 잔잔하여지더라). 그런데 또 다시, 무려 세 번째로, "메가"('mega', '거대한/엄청난')라는 표현이 본문에서 사용된다. 풍랑을 잠잠케 하신 예수님의 권능에 대한 제자들의 반응을 묘사하는 대목이다.

제자들은 "메가"('mega', '거대한/엄청난') 두려움을 느꼈다(개역개정. '심히' 두려워하여). 그들은 서로 질문한다. "이 예수님의 정체는 무엇인가? 이 예수님은 과연 어떤 분이기에 바람과 바다조차 순종한단 말인가!"(막 4:41). 제자들의 이 질문에는 오직 하나의 답변만 존재한다. 그렇기 때문에 그들은 큰 두려움 속에 극도로 전율했던 것이다. 제자들이 친숙했던 유대인들의 구약 성경에서는 오직 여호와 하나님만이 자연세계를 향해 명령을 내리신다. 이야기의 마지막 장면에 다다르면, 제자들은 거센 풍랑으로 배에 바닷물이 차오를 때보다도, 이제는 자신들의 배에 예수님이 존재하시는 것에 더 큰 두려움을 느끼고 있다. 제자들은 자신들의 작은 배 안에 크고 위대하신 창조주 하나님의 임재가 충만하여 있음을 깨달았고, 그 거룩하신 임재 안에 자신들이 서 있음을 깨달았다.

진짜 놀라운 것은 이게 전부가 아니다. 독자들을 정말로 당황스럽게 만드는 것이 하나 더 있다. 그것은 제자들이 도움을 청하기 위해 예수님을 흔들어 깨워야 했다는 점이다. "예수님은 배의 고물에서 베개를 베고 주무시고 계셨다"(막 4:38).

이 단일한 사건에서, 우리는 두 개의 다른 시선으로 예수님을 바라보게 된다. 한편으로 예수님은 피곤에 지쳐 잠들어 있는 한 사람이다. 우리 자신과 다를 바 없이 육신의 한계를 몸소 경험하고 계신 분이다. 그러나 다른 한편으로, 예수님은 전능하신 하나님의 권능과 고유한 신적 능력을 소유하신 분이다. 어떻게 그럴 수 있는가? 여기서 우리는 신약 성경 도처에서 강력하게 선포하고 있는 중요한 메시지와 마주하게 된다. 예수님은 하나님이시고 동시에 사람이시다.

예수 그리스도의 한 인격 안에 나타나는 이 같은 신성과 인성의 완전한 연합은 초대 교회의 혼란과 분열의 주 원인이 되기도 했다. 신약 성경은 성자 예수님이 성부와 성령과 더불어 경배를 받기에 합당하신 완전한 하나님이심을 분명히 계시하고 있다. 그럼에도 불구하고 당시 이성적으로 엄밀하게 따지길 좋아하던 일부 사람들은 이러한 사실을 받아들이기 어려워했다. 곧 보게 될 것이지만 우리가 하나님에 대해 알고 있는 어떤 지식은 우리가 예수님에 대해 알고 있는 내용과 항상 맞아떨어지지 않는다. 그래서였는지, 교회의 매우 괄목할 만한 지도자였던 아리우스(Arius)는 예수님이 하나님의 신성을 온전히 소유하신 분임을 도저히 인정할 수 없었다. 그가 주장한 해결책에 따르면, 성자 예수는 단지 모든 피조물 중에서 처음이자 가장 으뜸되는 존재일 뿐이었다.

오랜 시간 교회를 흔들고 분열시켰던 아리우스의 이 주장은 그리스도인들이 흔히 직면하게 되는 심각한 오류를 단적으로 보여주는 사례라고 할 수 있다. 성경의 어느 한 개념에만 사로잡혀서 그 단편적 사실 외에 다른 모든 성경적 진리를 외면해 버리는 것이다. 이러한 오류에 빠지는 사람들도 처음에는 하나의 개념에서 출발하여, 나름 논리적으로 타당해 보이는 일정한 결론에 도달하곤 한다. 하지만 그들의 결론은 결국 성경이 계시하는 또 다른 진리와는 모순을 일으키게 되는 것이다. 푸아티에의 주교 힐라리오(Hilary, Bishop of Poitiers)는 일평생 아리우스주의와 맞서 싸웠던 인물로(그는 "아리우스파를 때려잡는 망치"로 알려졌다), 자신의 저술 〈삼위일체론〉(De Trinitate)에서 아리우스주의 접근방식의 근본 문제를 정확히 지적했다.

> [그 아들의 신성과 관련한] 모든 불신앙은 어리석다. 그들은 자신들의 유한한 지각을 통해 획득 가능한 지혜만을 얻으며, 자신들의 하찮은 저울을 가지고 무한한 진리를 측량하려 시도했을 뿐이다. 그러면서 자신들이 이해할 수 없는 것이라면 실제로 실현 불가능한 일이라는 결론을 내리고 말았다. 하지만 그들의 불신앙은 논쟁 가운데 무능력이 개입된 결과다. 그런 사람들은 어떤 사건이 절대로 일어난 적이 없다고 장담하는데, 그들의 마음에 그런 일은 절대로 일어날 수 없다고 이미 생각을 굳혔기 때문이다.[3]

얼마나 도전적인 발언인가! 하지만 힐라리오가 이토록 강한 어조로 주장했던 까닭은 분명하다. 예수님이 하나님이시고 동시에 사람이시라는 성경적 개념이 너무나 중대한 사안이었기 때문이다. 실제로

---

3   Hilary of Poitiers, "On the Trinity," in *A Select Library of the Nicene and Post-Nicene Fathers of the Christian Church*, Vol. 9a, ed. Philip Schaff and Henry Wace, trans. E. W. Watson et al., Second Series (Christian Literature Company, 1899), p 69.

우리의 구원은 이 진리에 달려 있다. 왜 그런지는 차후 살펴보겠지만 지금은 요점에만 주목해 보자. 우리와 같이 되신 예수님은 우리 인간의 한계를 동일하게 지니셨지만, 동시에 예수님은 우리 인간의 한계를 공유할 수 없는 하나님이셨다. 즉 유한하고 모자람이 가득한 인간의 모습으로 성육신 하심으로써, 본래는 (유한하거나 모자람이 있을 수 없는) 무한하고 완전한 하나님께서 친히 그 유한성을 덧입으셨다는 것이다. 전적으로 우리를 사랑하시는 하나님께서 우리를 구원하시기 위해 본인의 의지대로 선택하신 결과이다.

이 놀라운 신비 속에 복음의 심오함이 숨겨져 있다. 그러므로 우리를 구원하는 복음의 거대한 신비를 제대로 붙잡기 위해서는 하나님이 행하실 수 없는 것들에 대해서도 받아들일 수 있어야 한다. 그렇게 할 때 우리는 하나님께서 우리의 구원을 이루고자 친히 행하신 일이 무엇인지를 숙고할 수 있는 것이다. 이를 위해 이 책은 몇몇 챕터 사이사이에 특별한 글을 소개하고 있다. 우리를 구원하시기 위하여 (쉽게 표현하자면) 하나님이 스스로는 "행하실 수 없는 일"(inabilities)을 성육신하신 '예수 그리스도 안에서' 어떤 방식으로 "극복해 내셨는지"(overcame)를 잠시 살펴보려는 의도가 있다. 졸지도 주무시지도 않는 전능하신 하나님께서, 오직 우리를 구원하시기 위하여 잠을 주무셨다는 사실을 알고 나면, 우리는 안도할 수 있고 숙면을 취할 수 있다.

1. 하나님은 배우실 수 없다

"내 하나님은 크고 힘 있고 능 있어 못할 일 전혀 없네."

많은 이들에게 사랑받는 이 어린이 찬양은 몇몇 사람들에 의해 쉽게 망쳐지기도 한다. 내 친구는 이 노래를 종종 이렇게 바꿔 부른다. "내 강아지는 크고 힘 있고 능 있어 못할 일 전혀 없네(왈왈!)" 놀랍게도 그의 강아지는 작은 소형견이다. 그럼에도 그 친구에게 따지고 싶은 마음이 들 정도로 중독성이 있어서, 그의 버전대로 부른 노래를 한번 들으면 나도 모르게 따라 흥얼거리지 않기가 무척 힘들다.

이 노래를 이런 식으로 망가뜨려서 부른 적이 없다면, 혹여 내가 처음이라면, 정말 미안하다. 하지만 충격 받을 일이 아직 더 있다. 지금까지 우리는 하나님에게는 못하실 일이 전혀 없다고 노래하면서 "아멘, 그렇습니다" 하고 외치곤 했을 것이다. 맞는 말이다. 그러나 … 엄밀히 말하자면 사실이 아니다. 그리고 그것이 사실이 아니라는 점이 오히려 다행이다. 아무 것이나 다 하실 수 없는 하나님이 진정으로 모든 것에 능하신 하나님보다 훨씬 더 크고 힘 있고 능하신 하나님이기 때문이다.

이 부분에서 많은 그리스도인들이 의아해 한다. 무엇이든 다 행할 수 있는 능력자야말로 우리가 생각하는 하나님의 모습에 가장 근접한 게 아닌가? 실제로 우리가 하나님에 대해 이야기할 때 자주 사용하는 신학 용어 중에 "전능한"(omnipotent)이라는 표현이 있다. 해당 용어는 기본적으로 두 개의 라틴어 단어가 함께 붙어 있는 형태인데, "힘 또는 능력"(potentia)을 의미하는 단어 그리고 "모든"(omnis)을 의미하는 단어가 합쳐진 것이다. 따라서 "전능하다"(omnipotent)는 말은 모든 능력을 소유한 것을 의미하며, 그것은 "무엇이든 행할 능력이 있는 상태"로 쉽게 설명될 수 있다.

거의 완벽해 보이는 적절한 설명이다. 그러나 아주 딱 들어맞는 설명은 아니다. 그런 설명은 간혹 가다가 엉뚱한 회의론자들이 던지는 질문에 의해 한계에 부딪힐 수밖에 없다.

예를 들어, "하나님은 스스로 들어올릴 수 없을 정도로 무거운 바위를 만드실 수 있는가?" 이 질문에 우리가 "아니요"라고 대답한다면, 하나님이 행할 수 없는 어떤 일이 있음을 인정하는 것이 아니겠는가?

그러면 하나님은 전능자가 아닌 것이 된다. 반대로 우리가 "그럼요"라고 대답한다면, 그렇다고 해도 여전히 하나님은 전능자가 아닌 것이 된다. 자신의 힘으로는 들어올릴 수 없는 바위를 만드심으로써 그것을 들어올리지 못하게 될 개연성이 따라오기 때문이다. 회의론자들은 이렇게 비아냥거린다. "오, 결국 당신의 하나님에게는 사실상 전능함 따윈 존재하지 않는군요." 우리가 '전능하신 하나님'이라는 표현을 "어떤 상황에서 무엇이든 다 행하실 수 있다"라는 의미로 사용한다면, 그들의 도발은 사실상 일리가 있다. 하지만 그것은 결코 그런 의미가 아니다.

실제로 성경에는 "하나님은 …을 하실 수 없다"라는 문구가 분명히 들어 있다. 예를 들면, 디모데후서 2:13에서 우리는 "주는[하나님은] 자기를 부인하실 수 없다"라는 문장을 읽게 된다. 이 구절의 핵심 의미에 관한 설명은 나중을 위해 남겨 놓겠지만, 하나님께서 행하실 수 없는 일이 최소한 한 가지 이상 있다는 사실만큼은 지금으로서는 확인이 된 셈이다. 따라서 하나님이 자신의 힘으로는 들어올릴 수 없는 바위를 만드실 수 있는가에 관한 논쟁은 쓸데없는 시간 낭비에 지나지 않는다. "하나님께서는 행하지 못하실 일이 전혀 없다"라는 절대적 의미에서의 그런 표현은 성경이 주장하는 바도 아니고, 기독교 전통에서 주장해온 바도 아니다.

성경은 온갖 방식으로 하나님을 부인하려는 회의론자들의 시도가 어리석은 사람의 특징임을 강조한다(시 14:1). 게다가 회의론자들의 주장대로라면, 바보처럼 이도 저도 못하고 주춤거리는 하나님을 누가 원하겠는가?

성경은 분명히 선언한다. 전능한 하나님께서도 행하실 수 없는 일들이 있다. 하나님은 자기를 부인하실 수 없다는 사실뿐 아니라, 가령 하나님은 거짓말하실 수 없으며(민 23:19), 악에게 시험을 받지 아니하신다(약 1:13)는 진술은 우리에게 무척이나 '유익한' 진리다. 10세기에 캔터베리 대주교 안셀무스(Anselm)는 다음과 같이 말했다.

> 이런 것들을 행할 수 있는 자는 자신에게 유익하지 않은 일, 그리고 자신이 해서는 안 되는 일을 행할 수 있는 자다. 그리고 그가 이런 일들을 행할 능력이 많으면 많을수록, 역경과 사악함이 그에게 더 많은 힘을 행사하게 될 것이고, 그 자신은 이런 것들에 저항할 힘을 점점 더 잃게 될 것이다.

위의 인용문은 어떤 종류의 강함은 실제로는 약함에 불과하다는 것을 말해 준다. 마치 무능력한 상태인 것처럼 표현된다고 할지라도, 악한 일에 무능한 상태는 실제로는 강한 능력의 상태인 것과 마찬가지다.

한편으로, 우리에게 유익하고 긍정적임에도 정작 하나님께서 행하실 수 없는 일들이 있다. 예를 들면, 바로 이 챕터의 제목이다. '하나님은 배우실 수 없다.' 배울 수 없다는 사실이 어떻게 유익하다고 말할 수 있는가? 만약 나의 학교 생활기록부에 "닉(Nick)은 전혀 배우지 못하는 학생입니다"라고 적힌다면, 당장 부모님께 달려가 자랑할 것 같은가? 당치도 않다. 그럼에도 '하나님은 배우실 수 없는 분이다'라는 사실은 우리에게 하나님의 영광을 더욱 선명히 드러낸다. 어째서 그런 것일까?

정원에서 흔히 볼 수 있는 물통을 상상해 보자. 만약 이 물통에 더 이상 물을 채울 수 없다고 한다면, 우리는 몇 가지 이유를 추측해 볼 수 있다. 물통은 이미 가득 찬 상태일 수 있다. 더 이상의 어떤 것도 더해질 수 없을 정도로 물리적으로 수용 불가능한 상태 즉, 남은 공간이 없다는 것이다. 혹은 물통에 균열이 생겼을 수 있다. 물통에 아무리 물을 부어도 그 틈새로 물이 계속 새어나가는 상태이다. 또는 물통의 입구가 막혔을 수도 있다. 그렇다 보니 물통에 물을 부어도 통에 담기지 않는 것일 수 있다.

이제 다시 생각해 보자. 우리의 두뇌는 이 물통과 같고, 우리 뇌에 들어가는 정보는 물과 같다. 어떤 사람이 제대로 학습하지 못하는 이유, 잘 배우지 못하는 이유도 앞서 물통의 사례와 유사한 면이 있다. 학창시절에 나는 때로 내 머리(두뇌)가 꽉 차 있다는 느낌을 받곤 했다. 선생님이 아무리 설명해도 더 이상 어떤 정보도 받아들일 수 없는 상태로 느껴졌다. 내 두뇌의 최대 수용량이 다했던 것이다. 한번은 운동장 바닥에 머리를 세게 부딪친 적도 있었다. 그때는 무슨 요일인지 모를 정도로 머리에 문제가 있었다. 그나마 교실에서 배운 내용도 줄줄 새어나가는 것 같았다. 학창시절 대부분의 시간에 나는 스포츠에 빠져 지냈다. 운동할 생각에 계속 방해를 받다보니 공부에 집중도 잘 되지 않았고, 배우는 내용(정보)도 머릿속에 들어오지 않았다. 마치 배수관이 뭔가에 막혀 물이 흐르지 못하는 상태 같았다. 어떤 경우였든, 배우는 일에 실패했던 나의 무능함은 결국 나 자신의 한계에서 비롯된 것이었다. 그러나 우리가 하나님에 대해 이야기할 때는 상황이 전혀 다르다. '하나님은 배우실 수 없는 분이다'라는 진술은 전혀 다른 이유에서 하는 말이다.

물통에 관한 이야기를 조금 더 해보자. 정원에 도저히 둘 수 없을 정도로 엄청나게 거대한 물통을 상상해 보자. 게다가 이 거대한 물통이 온 세상의 물을 이미 다 담고 있다면? 아니, 이 물통이 온 우주의 모든 수분을 전부 담고 있다면? 그런 경우라면 이 물통이 더 이상 채워지는 일은 불가능하다. 물통의 수용 능력이 한계치에 달해서가 아니라, 채워 넣어야 할 물 자체가 더 이상 존재하지 않기 때문이다. '하나님은 배우실 수 없는 분이다'라는 진술은 바로 그런 의미다. 하나님에게 배움의 능력이 부족하다는 말이 결코 아니다. 오히려 하나님이 아직 소유하고 있지 않은 새로운 지식이나 정보 따위는 단 하나도 존재하지 않는다는 의미다.

시편 139편에서 다윗은 자신을 너무나 친밀하게 잘 알고 계시는 하나님의 놀라운 지식에 대해 이야기한다. 먼저 시편 139편을 천천히 읽어보길 권한다. 특히, 다음 세 가지 질문을 염두에 두고 읽어보라.

'하나님이 알고 계시는 것은 무엇인가?' '하나님은 그것을 어떻게 아시는가?' '그런 하나님의 지식이 다윗에게 어떤 영향을 주었는가?'

> 여호와여 주께서 나를 살펴 보셨으므로 나를 아시나이다 주께서 내가 앉고 일어섬을 아시고 멀리서도 나의 생각을 밝히 아시오며 나의 모든 길과 내가 눕는 것을 살펴 보셨으므로 나의 모든 행위를 익히 아시오니(시 139:1-3).

하나님이 알고 계시는 것은 무엇인가?
1절에는 이 시의 주제가 담겨 있다. "주께서 나를 살펴 보셨으므로 나를 아시나이다." 이 시는 하나님의 지식, 특히 시의 저자 다윗이라는 한 인물에 대한 하나님의 지식에 초점이 맞춰져 있다.

언뜻 보기에는 별로 대단하지 않은 평범한 진술처럼 보인다. 기껏해야 유능한 사설탐정에게서 기대할 만한 정보력이라고 생각할 수 있겠다. "주께서 내가 앉고 일어섬을 아시고."

그 다음 표현을 보라. 전보다는 조금 더 이목을 끌 만한 진술이다. "[주께서] 멀리서도 나의 생각을 밝히 아시오며." 하지만 이런 능력도 우리 일상에서의 경험을 뛰어넘을 수준은 아니다. 우리 대부분은 다른 사람의 표정과 몸짓을 멀리서 관찰하면서 그의 감정 상태를 어느 정도 짐작할 수 있다. 특히, 개인적으로 잘 아는 사람일 경우 그 정확도는 높아진다. 그렇기 때문에, "멀리서도 나의 생각을 밝히 아시오며"라는 표현은 어쩌면 특정인에 대한 높은 수준의 이해, 또는 깊고 친밀한 관계에서 비롯된 지식을 말하는 것일 수 있다.

3절은 다시 한 번 사설탐정의 활동 영역을 떠올리게 한다. "나의 모든 길과 내가 눕는 것을 살펴 보셨으므로 나의 모든 행위를 익히 아시오니." 이런 정도의 지식이라고 해도 하나님이 지구상에 존재하는 80억 명 모두에 대해 갖고 있다는 점은 매우 인상적이다. 우리로서는 상상하기 힘든 방대한 데이터임이 분명하다(그렇지만 구글이 야심차게 도달하려는 목표 수준을 훌쩍 뛰어넘는다고 말하기는 어렵다.) 어쨌든 여기까지는, 비록 규모 면에서는 엄청난 격차가 있다 하더라도, 우리가 부분적으로는 소유할 수 있는 지식 수준이라고 할 만하다. 그런데 이어지는 다음 문구는 하나님의 지식 수준이 우리와는 완전히 차원이 다른 것임을 보여준다.

여호와여 내 혀의 말을 알지 못하시는 것이 하나도 없으시니이다 주께서 나의 앞뒤를 둘러싸시고 내게 안수하셨나이다 이 지식이 내게 너무 기이하니 높아서 내가 능히 미치지 못하나이다(4-6절).

여기서 우리는 갑작스럽게 전혀 차원이 다른 지식과 마주한다. 4절에 따르면, 하나님은 현재 일어나는 일뿐만 아니라 장차 일어날 일들까지 모두 알고 계신다. 다윗은 15-16절에서 다시 한 번 이 주제를 언급한다.

> 내가 은밀한 데서 지음을 받고 땅의 깊은 곳에서 기이하게 지음을 받은 때에 나의 형체가 주의 앞에 숨겨지지 못하였나이다 내 형질이 이루어지기 전에 주의 눈이 보셨으며 나를 위하여 정한 날이 하루도 되기 전에 주의 책에 다 기록이 되었나이다(15-16절).

다윗이라는 존재가 생기기도 전에, 하나님은 그를 아셨다. 더 놀라운 사실은, 하나님이 다윗의 전부를 아셨다는 것이다. 다윗이 탄생의 첫 숨을 내뱉기도 전에, 그 삶의 여정 전체가 하나님의 책에 다 기록돼 있었다(15절).

잠시 생각해 보자. 하나님은 우리의 전부를 아신다. 하나님은 우리 존재와 우리 삶의 모든 것을 시작부터 마지막까지 꿰고 계신다. 하나님은 나를 지금 알아가는 분이 아니다. 하나님은 지금 나에 대한 새로운 정보를 쌓고 계시는 분이 아니다. 하나님은 우리의 모든 것을 이미 다 알고 계신다. 우리 미래의 모든 순간도 예외가 아니다.

본능적으로 우리는 하나님의 이러한 능력을 별로 달가워하지 않는다. 우리가 무언가를 이해하는 방식은 물리적 시간의 틀 안에서 이루어진다. 게다가 우리에게는 자유의지라는 게 있다. 그런데 만약 우리 삶의 모든 것을 하나님이 이미 다 알고 계시며 그 지식이 시간을 초월한다면, 도대체 우리는 어떤 존재란 말인가? 우리에게 있다는 자유의지라는 게 의미가 있기는 한가? 우리가 결정하고 행동하는 모든 것에 우리의 책임이라는 게 결부돼 있기는 한 건가? 이 주제에 대해서는 추후에 다시 살펴보고자 한다. 여기서는 다른 부분에 초점을 맞춰보자. 우리가 시편 기자에게, "하나님이 알고 계시는 것은 무엇인가?"라고 질문을 던졌는데, "전부"(everything)라는 대답이 돌아왔다. 그런데 그 과정에서 시편 기자는 우리가 상상하지 못한 것까지 다 포함시켜서 그 "전부"의 범주를 재규정했다.

그것은 미래의 모든 것만 의미하지 않는다. 하나님은 사람의 마음까지도 아신다. 시편 기자는 자기 혀의 모든 말을 하나님이 "완벽하게(completely) 아신다"(4절, 개역개정. '알지 못하시는 것이 하나도 없으시니이다')고 진술했다. 내가 해석하는 바로는, 다윗이 내뱉는 모든 말의 뉘앙스까지 하나님이 아신다는 것이다. 다윗이 내뱉는 모든 말(단어)의 뜻, 그 말을 발설하는 목소리의 어조는 물론이고, 다윗이 어떤 마음과 생각으로 그 말을 하게 되었는지에 대한 근본 동기까지 전부 다 파악하고 계신다는 것이다. 심지어 다윗이 머릿속으로 그 말과 생각을 떠올리기도 전에 말이다!

하나님은 그것을 어떻게 아시는가?

이 사실을 조금만 곱씹어도 이내 또 하나의 질문이 떠오른다. "하나님은 어떻게 이 모든 것을 다 아실까?" 과연 차원이 다른 이 엄청난 지식과 정보의 세계에 어떻게 접근할 수 있단 말인가? 그것은 우리의 경험으로는 결코 도달할 수 없는 차원이다.

우리는 하나님을 우리보다 상위 고급 버전의 어떤 막강한 존재로 오해하는 경향이 있다. 마치 우리와 그리 다르지 않은 모습으로, 하늘의 사무실에 앉아 슈퍼컴퓨터가 처리한 막대한 정보를 한가득 전달받아서 하나하나 열어보느라 정신없는 분으로 상상한다. 우리에게 있는 지식은 일부 직관적으로 얻어진 것도 있지만 대개는 주로 경험을 통해 얻어진다. 예를 들면, '이 음식에선 무슨 냄새가 날까?' '오늘 마트의 할인 상품은 무엇인가?' 같은 것들이다. 그렇기 때문에 하나님도 우리와 비슷한 경로를 통해 정보를 취득하실 거라고 생각한다. 하지만 하나님이 우리와 마찬가지로 오감을 동원해 다양한 감각 데이터를 취합하고 정보를 얻는다고 생각해서는 안 된다.

인간의 오감에 더하여, 하나님이 우리가 알지 못하는 어떤 초자연적 '감각'을 지니신 것이 분명하다고 생각하기도 한다. 침묵으로 기도해 본 적이 있는 사람은, 입으로 미처 발설하지 못한 마음의 생각을 하나님께서 다 아시고 기도를 들으셨다고 믿게 된다. 물론 맞는 말이다. 하나님은 분명히 들으신다. 그러나 우리가 흔히 알고 있는 것과는 차이가 있다. 우리는 하나님이 우리 머릿속의 음성까지 다 "들으신다"고 생각한다. 그래서 지금 내가 머릿속으로 떠올리는 어떤 내용을 마치 하나님이 특별한 감각 도구를 사용하여 기도 접수처에 등록하신다는 것 정도로 간주하기도 한다.

하지만 이런 우리의 고정관념은 다윗이 말을 내뱉기도 전에 하나님께서 이미 다 알고 계신다는 사실(NIV. '내 입에 말 한 마디 담기도 전에', 'Before a word is on my tongue')에 대한 충분한 설명이 되지 못한다(4

절). 다윗의 모든 미래를 하나님께서는 이미 다 알고 계셨다. 다윗은 하나님의 그 놀라운 지식이 어떻게 가능한지에 대해 전혀 알지 못했고, 인간으로서는 도저히 헤아릴 수 없음을 고백했다. 그것은 하나님이 다윗의 말을 멀리서도 "들으신다"거나 혹은 다윗 내면의 독백을 '예측하신다'는 정도의 수준을 훨씬 뛰어넘는다. 여기서 우리는 다시 똑같은 질문으로 되돌아올 수밖에 없다. '하나님은 그것을 어떻게 아시는가?'

우리는 13절에서 답을 얻는다. 앞 구절에서 다윗은 지리적인 높음이나 깊음이나 광활함("내가 하늘에 올라갈지라도 …스올에 내 자리를 펼지라도 …바다 끝에 가서 거주할지라도", 8-9절)을 이용한다든가, 정보 전달의 차단("내가 혹시 말하기를 흑암이 반드시 나를 덮고", 11절) 등을 통해서 하나님으로부터 숨을 수 있는 가능성의 여부를 다방면으로 탐구해 본다. 하지만 그 어떤 것도 하나님의 통찰하시는 능력과 지식을 막을 수 없다. 다윗이 거하고자 하는 그 모든 장소에 이미 하나님도 함께 하시기 때문이다(8절). 심지어 하나님에게는 어두운 밤이나 흑암조차 대낮처럼 환하다(12절). 결국 이 모든 것이 헛된 시도임을 깨달은 다윗은 마침내 우리의 질문, '하나님이 그걸 다 어떻게 아실까?'에 관한 대답을 내놓는다. 13절의 영어 번역에는 "For"라는 단어를 쓰면서 이제 그 이유를 설명하겠다는 신호를 주고 있다. 우리처럼 감각 데이터에 의존하지 않고서도, 하나님께서 자신의 방식대로 모든 것을 다 아시는 이유가 여기에 있다.

[그 이유는] 주께서 내 내장을 지으시며 나의 모태에서 나를 만드셨기 [때문이니이다] 내가 주께 감사하옴은 나를 지으심이 심히 기묘하심이라 주께서 하시는 일이 기이함을 내 영혼이 잘 아나이다 내가 은밀한 데서 지음을 받고 땅의 깊은 곳에서 기이하게 지음을 받은 때에 나의 형체가 주의 앞에 숨겨지지 못하였나이다 내 형질이 이루어지기 전에 주의 눈이 보셨으며 나를 위하여 정한 날이 하루도 되기 전에 주의 책에 다 기록이 되었나이다(13-16절).

하나님께서 어떻게 아시냐고? 하나님은 창조하실 때 이미 다 알고 계셨다. 이 말인즉슨, 하나님은 우리가 어떤 것에 대한 정보를 얻게 되는 방식과는 완전히 정반대의 방식으로 완전한 지식을 이미 소유하고 계셨다는 것이다. 위대한 신학자 아우구스티누스는 자신의 저서 〈하나님의 도성〉(The City of God)에서 이러한 사실에 대해 다음과 같은 통찰을 드러냈다.

세상이 존재하지 않았다면 세상은 우리에게 알려질 수 없었을 것이다. 그리고 하나님께서 그 세상을 이미 알고 계신 것이 아니었다면 세상은 존재할 수 없었을 것이다.[4]

---

4 Augustine of Hippo, "The City of God," in *St. Augustine's City of God and Christian Doctrine, A Select Library of the Nicene and Post-Nicene Fathers of the Christian Church*, Vol. 2, ed. Philip Schaff, trans. Marcus Dods, First Series (Christian Literature Company, 1887), p 211.

궁극적으로 이 사실은, '하나님께서는 배우실 수 없는 분이다'라고 우리가 말하는 이유이기도 하다. 하나님은 만물을 창조하시면서 만물의 실체를 이미 다 알고 계셨다. 그렇기 때문에 하나님께서 이미 소유하고 있지 않은 새로운 정보라는 것 자체가 존재하지 않는다. 여기에는 태초부터 마지막 순간까지 우주 전체의 모든 분자, 모든 원자, 모든 입자의 모든 움직임이 모두 다 포함된다. 움직이는 그 모든 작은 조각들 사이에서 끊임없이 발생하는 모든 상호작용과 파급효과도 하나도 빠짐없이 다 포함된다. 하나님은 이 모든 것 전부를 완전하게 즉각적으로 이미 다 알고 계시며, 어떤 것에 대해 알기 위해 그 존재에 의존하실 필요가 전혀 없으시다. 하나님은 우리와는 철저히, 그리고 완전히 다르시다. 하나님은 우리와 같지 않으시다. 하나님은 우리가 전혀 상상할 수 없을 정도로 크고 위대하신 분이다.

하나님에 관한 진리가 다윗에게 어떤 영향을 미쳤는가?

지금까지의 논의 결과는, 우리가 결코 하나님을 온전히 이해하지 못할 것이라는 사실을 의미한다. 우리가 지금 언급하는 하나님은 인간의 이해력으로는 결코 파악이 불가능한 하나님이다. 비록 우리가 하나님의 형상으로 창조된 덕분에 창조주이신 하나님을 알고 이해하는 데 나름 독보적이고 적절한 지성을 갖추었다고 해도 그 한계는 분명하다. 인류 역사상 가장 위대했던 지성들조차 놀라우신 하나님을 헤아리고자 시도했다가 결국 자신들의 시도가 무모했음을 깨닫고는 그저 무릎꿇고 하나님을 경배하게 되었을 뿐이다.

따라서 우리는 세 번째 질문에 대한 우리의 대답이야말로 무엇보다 중요하다는 점을 알게 된다. '하나님에 관한 진리가 다윗에게 어떤 영향을 미쳤는가?' 다윗은 놀라우신 하나님으로 인해 철저히 압도당하고 말았다.

> 하나님이여 주의 생각이 내게 어찌 그리 보배로우신지요 그 수가 어찌 그리 많은지요 내가 세려고 할지라도 그 수가 모래보다 많도소이다 내가 깰 때에도 여전히 주와 함께 있나이다(17-18절).

작은 티스푼 하나에 담긴 모래알의 수를 세어본다고 상상해 보자. 이제, 작은 모래 구덩이 하나를 채우는 데 얼마나 많은 티스푼의 모래가 필요할지 상상해 보자. 그런 다음, 작은 해변 하나에 얼마나 많은 모래가 있을지 상상해 보자. 그리고 작은 사막 한 곳에는 또 얼마나…. 다윗도 그랬듯이, 하나님의 생각이 얼마나 많은지 생각해 보면, 그 압도적인 신비의 위엄을 묵상한다면, 우리 역시 주 하나님께 엎드려 경배하는 것 외에 다른 선택은 없을 것이다.

진정한 예배는 경배하는 대상을 최고의 선(highest good) 그 자체로 대하는 것이다. 반대로, 이 최고의 선에 맞서고 대적하는 것들에 대해서는 악하고 위협적인 것들로 간주하는 것이다. 만약 우리가 가장 아끼고 사랑하는 사람이 누군가로부터 해코지 당하는 것을 본다면 어떻겠는가? 사랑하는 사람을 보호하기 위해 모든 수단을 강구하지 않겠는가? 우리는 그것이 어떤 느낌인지 잘 알고 있다. 시편 139:19-22은 바로 그런 맥락에서 진술을 이어가고 있다.

> 하나님이여 주께서 반드시 악인을 죽이시리이다 피 흘리기를 즐기는 자들아 나를 떠날지어다 그들이 주를 대하여 악하게 말하며 주의 원수들이 주의 이름으로 헛되이 맹세하나이다 여호와여 내가 주를 미워하는 자들을 미워하지 아니하오며 주를 치러 일어나는 자들을 미워하지 아니하나이까 내가 그들을 심히 미워하니 그들은 나의 원수들이니이다.

다윗은 지금 하나님에 대한 경외심으로 충만해 있다. 자신의 삶과 이 땅의 형편이 모두 하나님 중심으로 돌아가고 있음을 알게 되었다. 그러므로 철저히 하나님 편에 속해서 하나님의 관점에서 상황을 바라볼 수밖에 없다. 죄에 대한 평가도 마찬가지다. 죄는 단지 도덕적으로 잘못되고 나쁜 것만이 아니라, 보다 근본적으로는 하나님 편에 서지 않은 모든 것이야말로 진정한 죄에 해당한다. 선하신 하나님에 대한 모든 반항적 태도와 공격적 행위가 죄일 뿐 아니라, 그 하나님 편에 서 있는 다윗을 향한 모든 위해와 위협도 하나님의 관점에서 죄로 간주되는 것이다. 그러므로 다윗의 원수들이 행하는 모든 죄는 선하시고 전능하신 하나님 앞에서 공허한 헛발짓에 불과하며 최종적으로는 악에 속한 것이다. 그리고 하나님 편에 선 다윗은 그들의 죄를 단호히 거부하고 배격한다. 다윗이 확신할 수 있는 것은, 다윗의 대적에게는 하나님의 의로우신 판단과 공의로운 심판이 내려질 것이란 사실이다. 이것이 다윗에게 평온을 가져올 수 있는 유일한 소망이다.

어떤 사람들은 이 본문이 교회에서 일어나는 추한 행위, 즉 자기 의로 가득 차서 독선적으로 남을 판단하고 정죄하는 모습을 가리킨다고 해석하기도 한다. 그러나 다윗의 경우는 다르다. 악인들에 대한 하나님의 심판을 촉구하는 다윗에게선 스스로를 반추하는 태도가 드러나고 있다. 다윗은 대적들의 죄를 고발하면서 자신에게 있는 죄 또한 피하지 않고 직시한다. 그리고 자신의 죄가 깨끗하게 씻기길 사모한다.

> 하나님이여 나를 살피사 내 마음을 아시며 나를 시험하사 내 뜻을 아옵소서 내게 무슨 악한 행위가 있나 보시고 나를 영원한 길로 인도하소서(23-24절).

시편 139편에서 다윗은 모든 그리스도인이 본받아야 하는 태도를 보여주고 있다. 자기 안에 있는 죄의 끔찍함을 인식하고, 하나님의 선하심을 바라보며, 선하신 하나님의 만지심이 절실함을 고백하는 것이다. 그리스도의 십자가 관점에서 볼 때, 이는 더욱 분명해진다. 하나님의 독생하신 아들의 몸이 십자가에서 찢기신 사실은 하나님께서 죄를 얼마나 끔찍하게 미워하시는지를 다른 어떤 것보다 선명하게 보여주기 때문이다. 어찌 보면, 다윗이 이 본문에서 호소하고 있는 악인들에 대한 심판은 사실은 우리 자신에게 임해야 할 심판인 것이다. 하지만 그 두려운 심판은 우리를 대신하여 스스로 십자가를 지신 예수 그리스도의 개입으로 말미암아 면하여졌다. 그럼에도 타인에 대해 항상 비판적이고 정죄를 계속하는 그리스도인이 있다면 그는 여전히 자기 자신이 누구인지 모를 뿐 아니라 복음 자체를 모르는 사람임이 분명하다.

잠시 다른 측면에서 생각해 보자. 새로운 것을 배우실 수 없는 하나님은 우리의 마음 깊은 곳에 있는 모든 것을 이미 다 알고 계신다. 말 그대로, 하나님으로부터 감춰진 것은 하나도 없고, 하나님의 눈을 피해 숨겨질 수 있는 것 또한 전혀 없다. 그러므로 우리 마음의 가장 깊은 곳, 우리가 다른 사람들과 심지어 나 자신으로부터 감추고 싶고 숨기려 하는 모든 어두운 부분조차, 우리를 지으신 하나님에게는 한눈에 보이는 펼쳐진 책과도 같다. 레베카 맥러플린(Rebecca McLaughlin)은 『기독교와의 대면』(Confronting Christianity)에서 그의 탁월한 통찰을 드러낸다. "우리의 모든 [인간] 관계가, 어느 정도는, 숨는 것 또는 숨기는 것에 달려 있다"[5] 그런데 놀랍게도, 그렇지 않은 관계가 딱 하나 있다. 바로 우리와 하나님과의 관계이다. 예수님이 대신

---

5 Rebecca McLaughlin, *Confronting Christianity: 12 Hard Questions for the World's Largest Religion* (Crossway, 2019), p 213.

죽으신 우리의 "나"라는 존재는 절대로 주일만을 위해 깨끗해진, "주일에만 최상급"인 존재가 아니다. 예수님은 "나"의 모든 것을 위해, 우리의 전부를 위해 죽으셨다. 하나님이 뒤늦게 알게 되어 결국 실망하게 되는 우리의 새로운 면모는 존재하지 않는다. 하나님은 이미 우리의 전부를 다 알고 계셨고 지금도 다 알고 계신다. 그런데도 하나님은 우리를 사랑하신다. 숨길 것 하나도 없이, 나 자신이 누군가에게 전부 다 완전하게 알려졌으며, 그럼에도 불구하고 여전히 그로부터 변함없이 사랑받고 있다는 사실이 얼마나 우리를 자유롭게 하는가! 얼마나 크게 안심이 되는가!

이제 우리가 궁금해 했던 "하나님에 관한 진리가 다윗에게 어떤 영향을 미쳤는가?"라는 마지막 질문에 대해서도 답을 찾을 수 있다. 자신에 대한 하나님의 무궁하고 광대한 지식을 묵상한 다윗은 18절에서 이렇게 고백한다. "내가 깰 때에도 여전히 주와 함께 있나이다."

이 위대하신 하나님에 대해 깨달은 다윗이 어떤 반응을 보였다고?

그는 단잠을 잤다.

2. 하나님은 놀라실 수 없다

"예견하지 못한 상황으로 무속인 박람회가 취소되었습니다." 이 말은 미래를 내다본다고 주장하는 사람들의 아이러니를 드러내는 익숙한 농담이다. 우리의 미래를 어느 정도는 알 수 있다고 믿는 사람들이 있다. 그들은 미래를 내다볼 수 있다는 사람에게 쉽게 빠져들고 기대려 할 뿐 아니라, 정말 그런 기회가 있다면 절대로 놓치고 싶어하지 않는다. 별자리 운세라든가 타로카드 같은 것들이 사람들 사이에서 유행하는 이유도 이와 다르지 않다. 그에 반해 대부분의 사람들은 우리의 미래를 알 수 있다는 주장에 회의적이다. 어쨌든 미래는 아직 존재하지 않는데, 존재하지 않는 것을 어떻게 알 수 있단 말인가?

우리의 하나님은 미래를 분명히 아신다. 이미 앞 장에서 살펴보았듯, 하나님께서 어떤 것을 아시기 위해 지금 그 대상이 반드시 존재해야 하는 것은 아니다. 오히려 그 반대다. 그 무엇이 존재하기 위해서는 하나님께서 먼저 아셔야만 한다. "하나님은 놀라실 수 없다"라는 표제에서 실제로 전달하고자 하는 의미는, 하나님께서는 과거 혹은 현재를 아시는 것과 똑같은 이치로 미래에 대해서도 이미 완전한 지식을 소유하고 계신다는 것이다.

이 사실은 우리에게 위안을 준다. 우리가 누군가와 약속을 잡을 때, 그 약속은 반드시 확정적이지는 않다. 예견하지 못한 상황의 발생 가능성이 상존하기 때문이다. 재작년 봄에 나의 스케줄은 약속으로 가득 차 있었다. 나는 선한 의도와 믿음으로, 이런 저런 때에 이런 저런 장소에서, 이런 저런 사람들을 만나는 여러 약속을 잡았다. 심지어 어떤 사람에게는 결혼하게 해주겠다는 약속도 했다(서둘러 덧붙이면, 물론 내가 결혼해 준다는 게 아니라 서로를 결혼시켜 준다는 약속이었다). 하지만 (글로벌 팬데믹이라는) 예기치 못한 상황으로 인해, 처음 약속할 당시엔 완전히 내 의지로 가능하게 보였던 일들조차 실현 불가능해지고 말았다.

우리의 이런 모습과는 대조적으로, 미래의 모든 것을 이미 아시는 하나님께서는 '우발적인' 사건 때문에 계획에 차질을 빚지 않으신다. 그분에게 우발적인 사건이란 존재하지 않기 때문이다. 하나님은 약속을 하실 때마다, 자신이 그 약속을 지킬 수 있다는 사실을 충분히 아시는 가운데 약속하신다. 하나님은 절대로 놀라지 않으시며, 그분에게는 뜻밖의 반전도 일어나지 않는다. 이러한 하나님이시기에 그분은 우리를 실망시키실 일이 없다.

여기까지는 문제가 없다. 그러나 미래에 대한 하나님의 이 놀라운 지식, 우리를 평안으로 인도하는 이 놀라운 주장 때문에 종종 뜨거운 논란이 뒤따른다. 하나님께서 정말로 미래를 확실히 알고 계신다면, 그 말은 곧 미래가 이미 정해져 있다는 의미인가? 그런 경우라면, 우리는 어떻게 되는가? 예를 들어, 나는 오늘 아침 이 글을 쓰기 위해 아이들이 아직 잠든 이른 시간에 책상 앞에 앉았다. 전적으로 내 의지로 결정한 일이다. 지금 이 책을 읽는 독자라면 어떤 이유로든 자신의 의지로 여기까지 왔다고 생각할 수 있다. 하지만 실제로는 우리가 이미 창세전에 쓰여진 각본대로 그저 따라가고 있을 뿐이라면? 그렇다면 우리에게는 자율성도, 주체성도, 선택권도 없는 게 아닌가? 어쩌면 우리는 달리는 차 안에서 운전대를 잡고 있지만 실제로는 모든 게 완벽하게 설계된 자율주행차 안에 그저 앉아 있는 것과 같다. 자신의 의지대로 차를 운행하고 있다고 생각하지만 정작 자신도 모르는 채 자율주행차에 실려 다니는 것에 불과한 것이다.

인간이라는 존재에 대한 매우 암울한 전망처럼 보이지 않는가? 인간 생명에 존엄성이 있다고 생각하는 이유 중 하나는 인간의 주체성에 있다. 즉, 독립적으로 행동하고 의사결정을 내릴 수 있는 능력이다. 성경에서도 이러한 요소를 중요하게 다루는 것으로 보인다. 인간의 주체성은 인간의 도덕적 책임을 위한 전제 조건이기 때문이다. 우리는 살인했다는 이유로 도끼에게 형벌을 내리지 않는다. 도끼를 휘두른 사람, 즉 가해자에게 죄를 묻고 형벌을 선고한다. 도끼에게는 주체성이 없다. 따라서 우리는 도끼에게 유죄판결을 내릴 수 없다. 성경에 따르면 사람이 어떤 잘못을 저지르면, 그 사람에게 죄책이 주어진다. 사람에게는 주체성이 있기 때문이다. 죄를 저지른 당사자는 분명 그에 대한 책임을 져야 한다(롬 1:18-23).

부조화의 조화

그렇다면 우리는 이것을 하나님께서 미래를 완벽하게 아신다는 개념과 어떻게 조화롭게 통합할 수 있을까? 어떤 신학자들은 하나님도 사실은 미래를 알지 못한다는 주장을 펴기도 한다. 일례로 신학자 그렉 보이드(Greg Boyd)는 하나님은 알려진 것에 대해서는 완전한 지식을 소유하지만, 알려지지 않은 것에는 그렇지 못하다고 주장한다. 가령 미래는 아직 존재하지 않으므로 알려진 게 없고 따라서 하나님도 완전한 지식을 갖지 못한다. 하나님께 알려지지 않은 미래는 그러므로 가능성으로 남아 있을 뿐 정해진 게 없다는 것이다.

우리가 진정으로 자유로운 존재라면, 우리는 독립적인 결정을 내림으로써 그 가시적인 결과물까지 창조해 낸다. 우리가 결정을 내리기 전까지 가시적 결과물은 존재하지 않는다. 따라서 가시적 결과물을 실제로 만들어내지 않는 한, 누군가에게 알려질 만한 그 무엇이 존재한다고 말할 수 없다. 마찬가지로 하나님은 자신이 창조한 인간의 선한 혹은 악한 결정을 미리 알 수 없다. 하나님이 사람들을 창조했지만, 그 사람들이 자신들의 독립적인 의사에 따른 결정을 내리고 그 결과물을 만들어내기 전까지는 말이다.[6]

이 같은 주장은 문제를 해결해 주는 깔끔한 정답처럼 보일 수 있다. 하지만 정말 이 정도로 간단히 해결되는 문제일까?

예를 들어, 요셉의 이야기(창 37-50장)를 보자. 요셉은 질투심 많은 형제들에 의해 노예로 팔려갔지만, 특별한 경위를 거쳐서, 결과적으로는 당대 최강대국 이집트의 총리가 되었다. 이집트의 총리로서 요셉은 전례 없는 극심한 기근을 극복해 낼 수 있도록 대대적인 곡물 수급 정책을 성공적으로 수행했다. 그리하여 훗날 요셉은 기근 가운데 식량을 구하고자 이집트를 방문한 부모와 형제들의 구원자 역할을 하게 된다. 이야기의 막바지에 이르러, 아버지 야곱이 죽었을 때 형제들은 요셉이 자신들에게 복수할 것을 두려워하지만 요셉은 이렇게 말한다.

요셉이 그들에게 이르되 두려워하지 마소서 내가 하나님을 대신하리이까 당신들은 나를 해하려 하였으나 하나님은 그것을 선으로 바

---

[6] Greg Boyd, *Letters From a Skeptic* (David C Cook, 2008), p 39.

꾸사 오늘과 같이 많은 백성의 생명을 구원하게 하시려 하셨나니(창 50:19-20).

요셉은 자신이 그토록 모진 일을 겪게 된 것이 누구의 탓이라고 생각할 것 같은가? 이는 꽤나 복잡한 문제이다. 한편으론, 하나님께 이 모든 일의 책임이 있다고 답해야 할 것 같다. 요셉을 노예로 팔아넘긴 형들의 배후에는 분명 하나님이 계셨다. 요셉을 죽여 자기들 손에 직접 피를 묻히는 것보다 노예로 파는 게 더 낫다는 판단을 내리게 된 배후에도 물론 하나님이 계셨다(창 37:26-7).

그럼에도 요셉의 형제들은 자신들이 원하던 바를 실행에 옮겼다 ("당신들은 나를 해하려 하였으나"). 하나님께서 요셉의 형제들이 앞으로 무엇을 행할지 이미 아셨을 뿐 아니라, 우리가 알지 못하는 어떤 신비로운 방식을 통해, 그것을 미리 계획하셨고 또한 그 계획대로 이뤄지게 하신 것인가? 요셉은 그렇다고 믿었다. 그렇다고 해서 요셉의 형제들이 자신들이 저지른 일에 아무런 책임이 없다는 의미는 아니다.

요셉의 형제들은 자신들의 계획을 따라 행했지만, 동시에 그들은 하나님의 계획을 따라 행했던 것이다. 우리에게 이 두 개념은 서로 모순되는 것처럼 보인다. 우리는 이 상반된 두 개념이 어떻게 해서 둘 다 진실인지 도무지 이해할 수 없다. 어쩌면 우리는 앞서 인용했던 그렉 보이드 같은 학자들의 주장에 솔깃해질 수도 있다. 열린 신학(Open Theism)으로도 알려진 그들의 신학적 입장은 나름대로 설득력이 있다. 하지만 여기서 우리는 무엇이 핵심인지 간파할 필요가 있다.

"자신들이 이해할 수 없는 것이라면 실제로 실현 불가능한 일"이라는 결론을 내리는 사람들에 대한 힐라리오 주교의 비판으로 다시 돌아가 보자. 궁극적으로 우리의 선택은, 성경에서 말씀하는 진리를 있는 그대로 받아들이는 것과, 우리가 본능적으로 사실이라고 믿는 것 사이에서 이루어진다. 그것은 도무지 이해할 수 없는 하나님에 관한 진리를 대할 때 우리 모두가 직면하게 되는 선택이다. 그런 딜레마들은 엄청나게 많다! 그러므로 우리 모두는 하나님이 어떤 분이신지를 알고자 할 때, 하나님에 관한 바른 지식을 소유하고 있을 뿐만 아니라 그 지식을 제대로 전달할 수 있는 최종 권위가 누구에게 있는지 반드시 판단하고 결정해야 한다. 힐라리오 주교는 자신의 저서 〈삼위일체론〉에서 그 딜레마에 대한 답변을 제시했다. 그것은 이 책을 비롯하여 모든 참된 기독교 신학을 뒷받침하는 답변이 아닐 수 없다.

따라서 우리가 하나님에 관한 논의를 해야 할 때, 오직 하나님만이 하나님 자신에 대한 완전한 지식의 최종 권위자이심을 받아들이고, 그분의 말씀 앞에 겸손과 경외함으로 엎드리자. 우리는 하나님 자신이 직접 말씀하신 것을 통해서만 그분에 대해 알 수 있고, 오직 하나님만이 하나님 자신을 온전히 증거할 수 있는 증인이 되신다.[7]

---

7 Hilary of Poitiers, "On the Trinity," in *A Select Library of the Nicene and Post-Nicene Fathers of the Christian Church*, Vol. 9a, ed. Philip Schaff and Henry Wace, trans. E. W. Watson et al., Second Series (Christian Literature Company, 1899), p 45.

그러므로 우리는 하나님 자신과 미래와 우리에 관해 하나님께서 친히 성경을 통해 무엇이라고 증언하셨는지를 분명히 알아야 한다. 성경에 따르면, 하나님은 놀라실 수 없는 하나님이다. 하나님은 정말로 자신이 만드신 우주만물과 그 미래에 속한 모든 것을 다 알고 계신다. 예를 들면, 이사야 44장에서 우리는 다음과 같은 내용을 읽게 된다.

> 내가 영원한 백성을 세운 이후로 나처럼 외치며 알리며 나에게 설명할 자가 누구냐? 있거든 될 일과 장차 올 일을 그들에게 알릴지어다 (사 44:7).

우리의 창조주 하나님은 미래에 대한 그 완전한 지식으로 인해, 열방의 다른 모든 우상들과는 확연히 구별되는 참 하나님이시다. 위 말씀에서는 하나님께서 주변 민족의 우상들 앞에서 자신의 참 하나님 되심을 당당히 선포하시는 것처럼 보인다. 하나님에 의해 언급된 대상은 당시 이스라엘 백성들을 끊임없이 미혹했던 거짓 신들이다. 하나님은 누가 진짜 하나님인지 그들과 승부를 가려보자는 제안을 하셨다. 그것도 승자독식의 방식이다. 하나님이 직접 문제를 내시는데, 미래에 관한 내용이 절반을 차지하는 역사 시험이다! 스스로 자기가 신이라고 주장하는 거짓 신들은 이 테스트를 절대 통과할 수 없다. 오직 아브라함과 이삭과 야곱의 하나님만이 100점 만점을 받으실 수 있다!

물론 하나님께서 장차 어떤 일이 닥칠지 미처 알지 못하신 것처럼 보이는 내용도 성경에 포함된 것이 사실이다. 예를 들면, 사무엘상 15:35이 그렇다. "여호와께서는 사울을 이스라엘 왕으로 삼으신 것을 후회하셨더라." 그러나 훨씬 더 많은 본문에선 하나님이 미래를 완벽하게 다 알고 계신다는 사실을 전제하고 있다. 트리니티 복음주의 신학대학원의 신학자 스티브 로이(Steve Roy) 교수는 미래에 관한 하나님의 완전한 지식과 주관하심에 대해 증언하는 4,500개 이상의 성경 구절을 가려냈다. 반면, 사무엘상 15:35처럼, 마치 하나님께서 미래를 알지 못하거나 혹은 새로운 정보를 얻지 못한다고 오해할 만한 구절은 단 105개만을 식별했다.

105개의 구절들이 하나님께서 미래를 아신다는 사실을 정말로 부정하는 내용이라면, 우리는 성경 자체가 모순덩어리라는 심각한 문제에 봉착하게 된다. 일단, 이 책의 다른 곳에서 사무엘상의 그 문제의 본문을 다시 살펴볼 텐데, 그때가 되면 우리 마음을 어수선하게 했던 궁금증도 해결될 것으로 믿는다. 사실, 사무엘상 혹은 다른 어느 본문도 하나님이 진짜로 미래를 알지 못하신다고 말하는 것은 아니다. 현재로서는 다음과 같이 정리하는 것으로 충분하다. "하나님은 어떤 사실을 처음엔 몰랐다가 나중에서야 그것을 알고서 놀라시는 그런 하나님이 결코 아니다."

사실 '하나님은 미래를 알지 못하신다'고 하는 사람들의 주장에도 나름의 근거가 있다고 생각한다.

"어라, 잠깐만요!" 당신은 이렇게 외마디 소리를 낼지도 모르겠다. "방금 전만 해도 하나님이 미래를 완벽하게 다 아신다고 말하지 않았던가요?" 물론 분명히 그렇게 말했다(기억해 줘서 고맙다). 그런데 사실 모든 문제의 핵심은 '관점'(perspective)의 차이에서 비롯된다. 지금까지 말한 모든 것은 결국 '시간의 본질'이라는 개념에 달려 있다는 것이다.

한편으로는, 그렉 보이드의 주장처럼, 우리가 미래를 안다는 것은 논리적으로 불가능한 일이다. 미래는 아직 존재하지도 않는다. 존재하지 않는 실체는 알려질 수 있는 실체가 아니다. 이것은 마치, "내일은 결코 오지 않는다"라는 옛말과도 비슷하다. 우리가 '오늘'이라고 부르는 현재가 사실 얼마전 만해도 '내일' 즉, 미래였다. 그런데 내가 지금 이 글을 쓰고 있는 '오늘'(현재)의 이 일이 나의 현재의 관점에서 '내일'(미래) 이 책을 읽게 될 독자에게는 '어제'(과거)의 일이 될 것이다. 그런데 내가 생각했던 그 '내일'(이 책이 읽혀질 때)이 또 지금 독자의 관점에서는 '오늘'이 되는 것이다. 지혜로운 신학자 아우구스티누스는 이렇게 표현하기도 했다. "그렇다면 시간이란 무엇인가? 만일 아무도 나에게 그것을 묻지 않는다면, 나는 그것이 무엇인지를 안다. 하지만 내가 그것을 질문자에게 설명하려고 하면, 나는 그것을 모르겠다."[8] 시간이란 무엇인가에 대해 정말로 진지하게 고민하면 고민할수록 우리가

---

8 Augustine, *Confessions*, ed. Michael P. Foley (Hackett Publishing Company, 2006), p 242.

깨닫는 것이 하나 있다. 그것은 마치 물고기에게 "물이란 무엇이니?"라고 묻는 것과 비슷한 질문이라는 것이다! 이런 질문에 따른 반응은 물고기에게서 얻는 반응이나 우리에게서 얻는 반응이나 매한가지다(입은 벌어지고 두 눈은 멍하니 껌뻑거릴 것이다).

하나님과 시간

우리가 '하나님'과 '시간'에 관하여 함께 다루려고 하면 문제는 더 복잡해진다. 그 이유는 하나님은 시간 밖에서 존재하시는 분이기 때문이다. 하나님은 시간의 한계에서 벗어나 계시며 시간에 얽매이지 않으신다. 성경의 맨 처음 말씀을 생각해 보라. "태초에 하나님이 천지를 창조하시니라"(창 1:1). 모든 실재하는 현실의 창조는 "태초"(beginning)라는 시점을 특징으로 한다. 즉, 태초는, 현실의 시작을 출발하게 한 '신호탄'과 같고, 그것은 곧 시간 자체의 시작과도 같은 것이다. 스티븐 호킹(Stephen Hawking)은 그의 저서 『시간의 역사』(Brief History of Time)에서 이렇게 서술한다. "시간이라는 개념은 우주의 시작이 있기 전에는 무의미한 것이다."[9] 이미 아우구스티누스도 그런 사실을 직시했다. "주님께서 창조하시기 전에는 무슨 시간이 있을 수 있겠습니까? …당신께서 그것을 창조하셨습니다. 정녕 당신께서 시간

---

9 Stephen Hawking, *A Brief History of Time: From the Big Bang to Black Holes* (Bantam, 1995), p 9.

을 창조하시기 전에는 시간이 흐를 수가 없습니다."[10] 시간과 공간은 함께 공존한다. 시공간은 곧 창조 질서의 특징인 것이다. 하지만 창조주 하나님은 그 모든 시공간을 초월하여 존재하시는 영원하신 하나님이다. 하나님에게는 시간조차 자신의 피조물일 뿐이다.

시간에 속하지 않으신 하나님은 어떤 사실들을 하나씩 하나씩 순서대로 아시지 않는다. 모든 것은 단번에 다 아실 뿐이다(눈치 챘다시피, 나는 이 사실을 표현하는 방식에 있어서도 시간적 개념에서 도무지 벗어날 수가 없다!) 우리의 모든 과거와 현재와 미래(우리의 관점에서), 그 전부가 하나님에게는 지금 완전히 눈앞에 펼쳐진 현재의 사실일 뿐이다. 하나님 눈앞에 펼쳐진 세계의 역사도 날마다 새롭게 흘러가는 개념이 아니다. 하나님은 모든 인류 역사를 단번에 완벽하게 꿰고 계신다. 그러므로 이런 의미에서 보면, 하나님은 우리가 생각하는 식의 "그 미래"를 알지 못하신다. 하나님은 온 우주의 미세 입자의 모든 위치와 운동(그리고 각 입자 간의 상호 영향)을 포함하여 시간이 처음 태동할 때부터 마지막 종말까지의 모든 것, 하나님 자신이 아실 수 있는 그 모든 것을 지금 이 순간 다 알고 계신다.

여기서 우리가 '하나님은 놀라실 수 없다'고 말하는 것은 결국, '하나님은 배우실 수 없다'는 앞 장에서의 개념을 좀 더 확장시킨 것일 뿐이다. 중요한 것은 하나님은 우리가 알 수도 있는 모든 것을 아

---

10 Augustine, *Confessions*, ed. Michael P. Foley (Hackett Publishing Company, 2006), p 241-242.

실 뿐 아니라, 피조물인 우리로서는 도무지 알 수 없는 것까지 모두 다 아신다는 점이다.

이러한 사실은 우리가 하나님에 대해 이해하는 것을 더욱 어렵게 만든다. 우리는 시간을 초월한다는 것(timelessness)이 어떤 상태인지, 그 의미가 무엇인지를 전혀 가늠할 수 없다. 우리가 사용하는 언어조차 너무나 "시간 개념에 오염된" 탓에, 초월자이신 하나님의 존재에 관해 이야기하는 데 마땅한 단어조차 우리에게 없다는 사실을 깨닫게 된다. 때론 "시간을 초월한"(timeless) 혹은 "영원한"(eternal) 같은 단어들이 도움이 되기는 하지만, 사실 그런 단어들은 하나님이란 존재가 어떠하지 아니하다는 것을 표현하는, 부정(否定)의 의미를 가진 용어에 불과하다.

이 모든 것은 하나님이 우리와 같지 않으시다는 사실을 우리에게 다시금 깨닫게 한다. 인류 역사상 가장 위대한 지성들조차 하나님이 어떤 분이신지를 온전히 가늠하기에는 너무나 부족한 존재에 불과하다. 하나님께서 시간을 대하시는 방식, 하나님과 시간과의 관계는 우리가 지금까지 경험했거나 생각했던 것과는 상상할 수 없을 정도로 현격하게 다른 그 무엇이다. 따라서 우리는 하나님을 절대로 완전하게 이해할 수 없다는 사실을 그대로 받아들여야만 한다. 사실, 우리 스스로의 지각으로는 결코 하나님을 알 수 없다는 사실을 겸허히 받아들인 후에야 비로소 하나님에 대해 조금 알 수 있다. 그럴 때에 하나님께서 우리에게 하나님 자신에 대해 알게 하시는 것이다. 힐라리오 주교의 표현처럼, "우리는 하나님 자신이 말씀하신 것을 통해서만 그분에 대해서 알 수 있다." 하나님은 그런 분이다.

놀라실 수 없는 하나님과 우리의 미래

이처럼 놀라실 수 없는 하나님에 대해 우리가 아는 것이야말로 오늘날과 같은 불확실한 세상에서 평안을 누리며 살아갈 수 있는 비결이라 할 수 있다. 현재 우리 시대의 분위기는 상당히 우울하다. 이런 흐름은 제법 오래됐다. 우디 앨런(Woody Allen)은, 비록 여기서 언급하기에는 논란의 여지가 있는 인물이긴 하지만, 현대 시대의 삶의 고뇌를 표현해 내는 감각만큼은 항상 탁월했다고 볼 수 있다. 1980년 앨런은 자신의 저서, 『사이드 이펙트』(Side Effects)에서 이렇게 적었다. "인류는 역사상 그 어느 때보다 갈림길에 직면해 있다. 그 중 하나는 절망으로, 전혀 희망 없는 상태로 나아가는 길이다. 그리고 다른 하나는 완전한 파멸로 나아가는 길이다. 우리 인류가 지혜를 가지고 바른 선택을 할 수 있도록 기도하자." 그 후로 40년이 넘게 흘렀다. 앨런의 이 같은 진술은 그가 처음에 묘사했던 냉전시대의 마지막 날보다 우리의 현재 상황을 훨씬 더 잘 포착하는 것으로 보인다.

당시 긴박해 보였던 일촉즉발의 위기 상황은 지난 40여 년 동안 변화를 겪어왔다. 그러나 그 분위기는 지금도 여전하다.

이제는 핵전쟁이 아닌 기후 변화와 환경문제가(특히 젊은 세대 사이에서) 시급한 사안으로 대두되고 있다. 이 문제 의식에서 출발한 꽤 영향력 있는 캠페인 중 하나는 그들 스스로 "멸종 저항"(Extinction Rebellion)이라고 부르기도 한다. 그들의 외침 속에 담긴 미래에 대한 불안이 선명하게 드러난다. 내가 이 글을 쓰는 동안에도, 우리는 팬데믹으로 인해 한 세대 문명을 격변시킬 것 같은 세계적인 비상 상황에 처해 있다. 기후 변화에 무심했던 사람들조차 코로나19 상황 속에서는 외면할 수 없는 절망에 부딪쳐야 했다. 경제학자 존 메이너드 케인즈(John Maynard Keynes)는 "장기적으로 보면 우리 모두는 결국 죽는다"며 일침을 놓은 적이 있다.[11] 하나님 없는 세상에서 아직도 미래에 대한 낙관주의적 전망을 가진 사람이 있다면, 그는 제대로 앞을 내다볼 수 없는 사람임이 거의 틀림없다.

그러나 지금도 미래를 이미 아시고 미래에 대해 약속하시는 하나님과 함께 손잡고 걷는다면, 오늘 하루가 끝날 때 우리는 편히 잠자리에 누울 수 있을 것이다. 친구와 함께 영화관에 갔다고 상상해 보자. 영화 도중에 주인공이 이러다가는 곧 죽게 될 것만 같고, 나의 속은 불안 불안하면서 계속 조바심이 난다. 그런데 친구가 몸을 살짝 기울이더니 이렇게 속삭인다. "너무 걱정하지마. 주인공은 결국 끝까지 살아남을 거라구." 친구가 영화를 다 안 봤으면서 그런 말을 한다면, 나는 친구의 말을 신뢰할 수 없을 것이다.

하지만 친구가 영화를 이미 본 적이 있다면, 그의 말은 나를 진정시키고 안도감을 줄 수 있을 것이다(혹시 스포일러를 싫어하는 사람이라

---

11 John Maynard Keynes, *A Tract on Monetary Reform* (Macmillan and Co., 1929), p 80.

면 아마 짜증날 수도 있겠다).

하나님의 약속, "내가 결코 너희를 버리지 아니하고 너희를 떠나지 아니하리라"(히 13:5)는 어떤 예상이나 기대에 따른 말씀이 아니다. 하나님은 이미 영화를 다 보셨을 뿐만 아니라 그 영화의 제작자이자 작가이자 감독이기도 하시다! 하나님은 우리 인생 책에 담긴 모든 이야기를 마지막 장까지 다 읽으셨다! 하나님이 지금은 나에게 신실하시고 그래서 앞으로도 기대는 되지만, 정작 미래에는 어떻게 될지 하나님 스스로도 장담은 못하시고 우리도 알 수 없다는 그런 것이 아니다. 하나님은 우리의 미래가 결코 흔들리지 않을 것을 이미 백 퍼센트 아신다. 하나님은 우리 삶의 모든 이야기와 이 세상의 모든 이야기를 다 알고 계신다. "내가 결코 너희를 떠나지 아니하리라"는 약속은 사실에 대한 진술이다.

그러므로 우리는 사도 바울과 같이 말할 수 있다. "내가 확신하노니 사망이나 생명이나 천사들이나 권세자들이나 현재 일이나 장래 일이나 능력이나 높음이나 깊음이나 다른 어떤 피조물이라도 우리를 우리 주 그리스도 예수 안에 있는 하나님의 사랑에서 끊을 수 없으리라"(롬 8:38-39). 불확실해 보이고, 그래서 불안이 가득했던 우리의 미래는 결코 하나님의 사랑에서 우리를 끊을 수 없다. 하나님은 이미 우리의 미래에 계시는 분이다.

3. 하나님은 마음을 바꾸실 수 없다

1979년 5월에 마가렛 대처(Margaret Thatcher)가 영국의 총리로 선출되고 1년이 지났을 무렵, 집권당인 보수당 내부에서조차 대처의 '매정한' 경제 정책에 대한 불만이 터져 나오기 시작했다. 기하급수적으로 치솟은 실업률과 기업들의 연쇄도산으로 경제가 위축되는 상황에서 벗어나려면 정책 방향을 되돌려야 한다며, 언론과 경제학자들도 이른바 '유턴'(U-turn)을 촉구하기에 이르렀다. 대처 총리는 자신이 강하게 밀어부치던 경제 정책을 심각히 재고해야 하는 현실과 마주했다. 1980년 10월에 열린 보수당 전당대회에서 대처 총리는 당시 많은 이들이 바라마지 않던 '유턴'(U-turn)에 대해 언급했고, 그것은 향후 그녀의 생애를 상징하는 대표적인 연설이 되었다. "요즘 언론에서 유행한다는 그 '유턴'에 대해 제가 드릴 말씀은 단 하나입니다. 그렇게 '유턴'이 좋다면 여러분이(you) 돌이키십시오(turn). 이 숙녀는 돌아가지(turn) 않습니다!"

그날의 연설은 대처 총리를 지지하는 사람들에겐 지도자로서의 결단력과 리더십, 그리고 궁극적으로는 그녀의 강단을 보여주는 확실한 증거였다. 그녀가 보여준 모습은 어쩌면 우리가 지도자들에게서 기대하는 그런 면모일지도 모른다. 그러나 반대자들에겐 대처 총리야말로 오히려 파괴적이고 경직된 태도를 고집하는 정치인의 전형이었다. 그녀가 경제 정책의 방향 전환을 거부한 것은 쓸데없는 이데올로기에 갇혔기 때문이며, 게다가 너무 완고했던 탓에 명백한 증거가 눈앞에 있음에도 불구하고 마음을 바꾸지 못했다고 비판했다. "사실이 바뀌면 마음도 바뀐다"는 말이 있듯, 이 유동적인 세상에서 결코 마음을 바꾸지 않는 것은 미덕이라기보다는 병적인 행태에 더 가깝다. 특정 정치인에 대한 평가와 관련하여 어느 쪽 입장에 서든 그것은 상관없다. 하지만 자신의 마음을 바꾸는 능력, 그것은 단지 정치에서뿐 아니라 여러 부분에서 양날의 검이 될 수 있다는 점을 우리는 쉽게 알게 된다. 누군가가 지도자로 부름을 받았는데 그가 결코 마음을 바꾸지 않는 사람이라고 한다면 그는 완고한 지도자, 혹은 어리석은 지도자로 평가받을 것이다. 반대로, 너무 쉽게 생각이 변하고 마음을 바꾼다면, 결단력이 부족하고 변덕스러운 지도자로 평가받을 것이다.

확실히 우리가 원하는 지도자 상은 강철 같은 결단력은 물론이고, 현실을 직시하되 필요하면 과감히 마음을 바꿀 줄 아는 지혜와 겸손의 미덕까지 갖춘 지도자다. 우리가 생각하는 이러한 이상적인 지도자는 현실 속 여러 객관적인 사실들에 근거하여 기꺼이 자신의 기존 생각을 바꾸겠지만, 오직 객관적인 사실들이 요구할 경우에만 그렇게 할 것이다.

이보다 더 나은 지도자가 있다면, 객관적인 사실들이 제공하는 완벽한 정보뿐만 아니라, 그 정보를 가지고 무엇을 행해야 할지에 대해서도 완벽한 판단력과 직관을 소유한 지도자이다. 그는 애당초 '유턴' 자체를 할 필요가 전혀 없는 지도자일 것이다. 하지만 어떤 인간도 결코 그 정도로 완벽할 수 없다는 사실을 우리는 알고 있다. 인간으로서 한계가 있는 우리는 통계학자이자 저술가인 나심 니콜라스 탈레브(Nassim Nicholas Taleb)가 '블랙 스완'(Black Swan, 검은 백조) 현상이라고 부르는 것에 언제나 취약한 상태로 놓일 수밖에 없다. 이 개념을 아직 들어본 적이 없다면 잠시만 설명하겠다. 사실 매우 간단하다. 중세부터 근대 초까지 서구인들은 백조는 모두 다 흰색이라고 여겼다. 심지어 '검은 백조처럼'이란 표현이 어떤 불가능한 일을 가리키는 대표 언어가 될 정도였다. 네덜란드 탐험가 윌리엄 드 블라밍(Willem de Vlamingh)이 1697년 호주 서부에 상륙했을 때 그는 전혀 예상하지 못한 발견을 했다. 현재의 퍼스 지역을 흐르는 강에서 윌리엄은 당시 가장 상상할 수 없었던 생명체, '검은 백조'(블랙 스완)를 목격한 최초의 유럽인이 되었던 것이다. 탈레브는 바로 이 사건을 모티브로 삼아 자신의 유명한 저서, 『블랙 스완』(The Black Swan)을 집필했다. 그의 책은 미래에 대한 예측과 정책에 있어서 인간이 소유한 지식의 한계를 강조한다. 우리의 삶과 경제를 형성시켜 가는 가장 유의미한 사건들은 어쩌면 전혀 예측할 수 없는 일들, 즉 '검은 백조(들)'일 것이다.

그러므로 자신의 마음을 절대로 바꿀 필요가 없을 정도의 '완벽한' 정보를 가지고 결정과 판단을 내릴 수 있는 지도자는 단 한 명도 없다. 인간이 수집하고 사용하는 예측 정보는 언제나 가변적이며, 나도 쉽게 예상컨대, 아무도 미래를 예측할 수 없기 때문이다.

변개하지 않으시는 하나님

하나님은 우리와 같지 않으시다. 하나님은 절대로 마음을 바꾸시지 않는다. 사실, 하나님은 우리와 철저히 다르시기 때문에 자신의 마음을 바꾸시지 않는 것이다. 다음의 예로 드는 구절처럼, 성경은 하나님의 불변하심 그리고 인간과는 철저히 다르심, 이 두 가지 개념을 하나의 진리로 묶는 경우가 종종 있다. "이스라엘의 지존자는 거짓이나 변개함이 없으시니 그는 사람이 아니시므로 결코 변개하지 않으심이니이다"(삼상 15:29).

하나님은 자신의 마음을 변개하지 않으실 뿐만 아니라, 그렇게 하실 수도 없다. 이렇게 생각해 보라. 사람들은 왜 마음을 바꾸는가? 우리는 왜 변덕이 심한가? 우리가 그런 충동을 느끼는 데는 내적이거나 외적인 요인이 작용했다. 먼저는, 내 안에서 무언가가 변한 탓일 수 있다. 어쩌면 밤에 숙면을 취했거나 또는 설쳤거나 하는 단순한 요인으로 내가 변한 것일 수 있다. 혹은 외부 상황과 환경이 변한 탓일 수도 있다. 예를 들면, 나는 오늘 아침에 무엇을 입을지에 관한 나의 생각을 바꿨다. 아래층으로 내려갔을 때, 어제 일기예보에서 보도한 것보다 오늘 기온이 훨씬 춥다는 사실을 알았기 때문이다.

하나님은 그렇지 않으시다. 우리와는 전적으로 다른 분이다. 하나님은 내적으로나 외적으로도 변화할 이유가 전혀 없으시다. 하나님께서 '나는 스스로 있는 자'(I AM)라고 하신 말씀이 정말 진리라면 어떻겠는가? 우리가 믿는 하나님은 영원토록 스스로 자존하시는 하나님이다. 참으로 그렇다면, 하나님에게는 하나님 자신의 내면으로부터의 어떠한 변화도 불가능하다. 하나님은 완전한 분이시기 때문이다. 완전한 하나님에게 변화란 있을 수 없다. 이미 완전한데 어떤 변화가 필요한가? 완전한 존재에게 변화란, 덜 완전한 존재임을 드러내는 증거일 뿐이다. 외부로부터 야기되는 변화 역시 새로운 변화 요인(정보나 영향력)을 받아들이는 것을 전제로 하기 때문에 하나님에게는 불가능한 일이다. 이미 살펴본 대로, 하나님은 배우실 수도 없고 놀라실 수도 없다. 하나님에게는 결코 '새로운' 정보를 수집해야 하는 일이 없으며, 따라서 외부적 요인에 의한 마음의 변화가 불가능하다.

이 대목에서 우리는 하나님이 실제로 그분의 마음을 바꾸신 것처럼 보이는 성경 속 장면들을 떠올릴 수 있다. 출애굽기 32장이 바로 그렇다. 하나님께서 이스라엘 백성을 이집트 종살이에서 구원하시고 홍해를 건너게 하신 후, 이스라엘 백성은 시내 산에 이르게 되었고 모세는 하나님을 대면하기 위해 산으로 올라갔다. 그런데 모세가 산에 올라가 그들을 구원하신 하나님과 함께 살아가는 법을 직접 전달받는 동안, 이스라엘 백성은 자기들끼리 궁리하다가 금으로 된 송아지 모양의 우상을 만들었다.

그로 인해 진노하신 하나님은 자신이 이스라엘을 "진멸"하고 모세와 함께 처음부터 다시 시작하고자 하심을 말씀하신다. 모세는 이스라엘 백성 편에서 하나님께 간청하며 그들을 위해 중보한다. 그리고 마침내 성경은 이렇게 기록한다. "여호와께서 뜻을 돌이키사 말씀하신 화를 그 백성에게 내리지 아니하시니라"(출 32:14). 다른 말로 하면, 하나님께서 결국에는 마음을 바꾸셨다는 얘기다.

그런데 모세의 기도 내용을 자세히 읽어보면 이야기의 결론이 조금 다르게 보일 수 있다. "주의 종 아브라함과 이삭과 이스라엘을 기억하소서 주께서 그들을 위하여 주를 가리켜 맹세하여 이르시기를 내가 너희의 자손을 하늘의 별처럼 많게 하고 내가 허락한 이 온 땅을 너희의 자손에게 주어 영원한 기업이 되게 하리라 하셨나이다"(출 32:13). 모세가 하나님께 마음을 바꾸시기를 구한 것이 아니라, 실제로는 본래의 마음을 바꾸지 말아달라고 요청한 것이다!

앞 장에서 우리는 이것과 유사한 사무엘상 15:35을 언급한 적이 있다. "여호와께서는 사울을 이스라엘 왕으로 삼으신 것을 후회하셨더라." 이 구절 역시 하나님께서 자신의 마음을 바꾸신 것처럼 보이는 한 가지 사례로 여겨질 수 있다. 그러나 이것 또한 실상은 다르다. 이 구절의 인접 문맥을 주의 깊게 읽어보면, 우리는 즉시 의문을 갖게 될 것이다. 불과 여섯 절 앞에서 사무엘은 사울에게 다음과 같이 예언적으로 말한 바 있다. "이스라엘의 지존자는 거짓이나 변개함이 없으시니 그는 사람이 아니시므로 결코 변개하지 않으심이니이다"(삼상 15:29). 사무엘서의 저자가 이 이야기를 기록하는 데 있어서 일관성이 없고 무능했던 것이 아니다. "여호와께서 후회하셨다"라는 표현은 하나님 자신의 결정에 대한 후회라기보다는 오히려 사울 왕의 실패에 대한 하나님의 진심어린 입장 표명이라고 볼 수 있다.

이것이 바로 이번 장의 핵심 메시지다. '하나님은 마음을 바꾸실 수 없다.' 그런데 그게 우리에게 뭐 그렇게 중요한 사안인가?

그 진리가 우리에게 의미하는 것

그런데 하나님에 관한 그와 같은 진리가 우리처럼 쉽게 표변하는 그리스도인에게 어떤 가치가 있을까? 우리 일상에서 적용하고 '활용'하기에는 너무 추상적이고 뜬금없는 내용이지 않은가? 여기서 우선적으로 짚고 넘어가야 할 부분이 있다. 우리는 어떤 것의 가치를 평가할 때 간혹 그것을 '쓸모' 또는 '유용성'과 성급하게 연관짓곤 한다. 어떤 것이 당장 나의 문제를 해결해 줄 수 없거나, 나에게 유용한 기술이나 능력을 제공해 주지 않거나, 내가 원하는 특정 자질 향상에 도움이 안 되면, 대개는 그것이 별 가치가 없다고 판단한다. '당장 쓸모 없는 것에 나의 시간을 허비하고 싶지 않아'라고 생각하는 것이다.

하지만 그것은 성급한 결론일 수 있다. 일례로, 신호등은 매우 유용하다. 교통사고를 예방하고 교통 흐름을 통제하는 데 매우 쓸모가 있다. 붐비는 사거리에 신호등이 없다면 숱한 사고로 이어질 게 뻔하기 때문이다. 반면에 미켈란젤로의 〈다비드〉 조각상이 유용하다고 말하는 것은 얼마나 어려운가! 이 조각상에는 물건을 올려놓을 평평한 표면도 없고, 시간이 흐른다고 해서 무언가를 생산해 내지도 않는다. 그러나 우리는 미켈란젤로의 이 작품이 도로의 신호등보다 훨씬 더 가치 있음을 알고 있다. 지난 달, 어느 부주의한 운전자가 우리 집 건너편에 세워진 신호등을 들이받았는데(나는 아니다!) 그 사건은 뉴스에 전혀 나오지 않았다. 그러나 1991년에 피에로 칸나타(Piero Cannata)라는 이탈리아 화가가 코트에 숨겨서 가지고 온 망치로 〈다비드〉 조각상의 왼쪽 두 번째 발가락을 내리쳐 손상시켰다는 뉴스는 전 세계에 특종으로 전파됐다.

'미'(beauty)와 '선'(goodness)이라는 것에는 흔히 생각하는 유용성의 범주를 훨씬 뛰어넘는 본질적인 가치가 있다. 심지어 에덴동산의 나무들도 유용성 면에서 보자면 음식으로 삼기 좋았지만, 그저 눈으로만 감상하더라도 아름다웠다('여호와 하나님이 그 땅에서 보기에 아름답고 먹기에 좋은 나무가 나게 하시니' 창 2:9). 하나님의 나라는 결코 공리주의나 실용주의가 지배하지 않는다.

내가 말하려는 요지가 바로 이 부분에 있다. 그리스도인의 삶은 예배, 즉 하나님께 드리는 찬양과 경배와 헌신이 핵심이다. 우리가 하나님을 예배하는 이유는 그분이 하나님이시기 때문이다. 그러므로 하나님에 관한 어떤 것이 참되다면, 그것만으로도 알아야 할 가치가 충분하다. 하나님에 관한 참된 것이면 그것이 무엇이든 우리를 풍성한 삶으로 인도한다. 그것이 우리 삶에 어떤 차이를 만들어 내는지 처음엔 확신하지 못하더라도 상관없다. 만약 하나님에 관한 어떤 것이 (하나님이 이 세상 모든 피조물보다 크고 위대하신 분임을 깨닫게 함으로써) 나에게 경외심을 불러일으킨다면, 그것은 정말 엄청난 가치가 있다. 우리 삶의 핵심인 예배로 이끌기 때문이다.

하나님을 "우리와 비슷한 분이신데 단지 우리보다는 훨씬 크신 분" 정도로만 생각한다면, 하나님께 합당한 예배를 드리기가 어렵다. 하나님을 비교 가능한 대상으로 생각하는 한, 우리의 예배는 피조물로서의 참된 경배가 아닌, 열광적인 팬으로서의 '아이돌 숭배'가 되고 만다. 하나님이 소유하신 지식, 그 깊이와 높이와 넓이는 너무 방대하기에 우리는 그것을 도무지 헤아릴 수 없다. 하나님이 어떤 사실과 어떤 대상에 대해 아신다는 것이 과연 어떤 수준인지, 어떤 방식으로 그게 가능한지 전혀 가늠할 수도 없다. 과연 누가 하나님과 비견할 만한 지식을 가질 수 있겠는가? 우리를 창조하신 하나님은 우리의 상상을 초월하는 존재시다. 그럼에도 불구하고 창조주 하나님은 우리 같은 미미한 존재를 아시고, 우리를 돌보시며, 우리와의 관계에 심혈을 기울이신다. 그리하여 우리처럼 보잘것없는 피조물을 위해, 이 피조물의 협소한 생각과 이해의 수준에 맞게, 그 크고 위대하신 창조주 하나님을 알게 하신다. 영원한 하나님의 나라에서, 우리는 그분을 더 잘 알아가기 위한 영원한 시간을 보낼 것이다. 우리가 하나님을 알아가는 시간은 영원토록 이어질 것이며, 하나님에 대해 새롭게 알게 되는 지식은 끊임없이 넘쳐나고 그 과정은 멈추지 않을 것이다. 하나님을 경배하고 찬송해야 마땅한 더 새롭고 더 심오한 이유를 끝없는 날 동안 영원토록 깨우치게 될 것이다. 만약 지금 우리가 드리는 예배 속에 하나님을 향한 경이와 감탄이 누락됐다면, 아직 경배와 찬양을 전혀 경험하지 못하고 있는 것이다.

약속의 견고함에 대한 보장

지금까지의 내용 가운데 어느 것 하나도, (우리 삶에 아무 영향을 미치지 않는) 하나님에 대한 추상적인 개념을 다룬 것이 아니다. 성경에 의하면, 하나님께서 하나님 자신의 마음을 절대 바꾸시지 않는다는 사실은 그 자체로 하나님 약속의 견고함과 확실함을 뒷받침해 주는 중요한 요소다. 구약에서 발람의 이야기를 예로 들어보자. 이스라엘 자손이 모압 평지에 진을 쳤을 때, 모압 왕 발락은 이스라엘 자손을 저주하기 위해 발람을 찾아가 그를 매수했다(민 22-24장). 그러나 발락이 발람에게 하나님의 백성을 저주하도록 아무리 요구해도 발람이 할 수 있는 일은 오히려 이스라엘에게 축복을 선포하는 것뿐이었다.

이스라엘 백성에게 저주를 내리려는 두 번째 시도가 있었을 때 하나님은 이 변절한 선지자를 통해 다음과 같은 말씀을 선포하게 하신다. "하나님은 사람이 아니시니 거짓말을 하지 않으시고 인생이 아니시니 후회가 없으시도다 어찌 그 말씀하신 바를 행하지 않으시며 하신 말씀을 실행하지 않으시랴"(민 23:19).

수사적 의문문 형식으로 기술된 이 본문에서 우리는 그리스도인의 확신이 어디에 있는지, 그 근거가 무엇인지를 보게 된다. 하나님이 말씀하셨다면, 그걸로 끝이다. 우리 가정을 예로 들면, 나는 집에 있을 때, "내가 그거 좀 이따가 할게"라고 습관적으로 내뱉곤 한다(물론 최선을 다한 표현이다). 하지만 나의 그런 언어 습관 때문에 우리 가족이 얼마나 큰 피해를 겪는가! 시간은 속절없이 흐르고, 내가 곧 하겠다고 약속했던 집안일들은 하나도 된 게 없이 나를 기다리고만 있다. 내 입에서 나온 온갖 자상하고 확신 있게 내뱉은 말들에도 불구하고, 주방의 선반은 고정되지 않은 채 여전히 덜렁거리고 있고, 방마다 휴지통은 산더미처럼 넘치고, 베란다에 널어놓은 빨래는 소낙비에 '추가 헹굼'을 받아야만 한다.

하지만 나와는 다르게, 하나님은 자신이 하신 말씀을 반드시 실행하신다. 만일 하나님께서 자기 백성을 축복하겠다고 약속하셨다면 이 세상 누구도 그 일을 막을 수 없다. 발람의 경우처럼, 우리의 원수들이 하나님의 약속을 훼방하기 위해 얼마나 많은 수단을 동원하는지는 전혀 문제가 되지 않는다. 하나님의 말씀은 하나도 실패하지 않는다. 하나님의 말씀은 하나님의 마음을 정확히 표현한 것이며, 우리 주 하나님은 한번 말씀하신 것을 되돌리지 않으신다.

우리 하나님은 마음을 바꾸지 않으시며, 바꾸려 하지도 않으실 것이고, 바꾸실 수도 없다. 하나님에게는 우리처럼 기분 찜찜한 상태로 잠에서 깨어, '오늘 약속은 취소해야겠어' 하는 일은 결코 일어나지 않는다. 하나님은 자신이 맺으신 약속 또는 우리와 나누신 대화를 결코 잊지 않으신다. 하나님은 우리와의 약속을 지키는 것이 귀찮아서, 그것보다 더 편하거나 수월한 방법을 찾지 않으신다. 하나님은 자신의 노력에 대한 투자 대비 결과를 더 높이기 위해, 기존에 약속을 맺은 우리를 더 나은 다른 대상으로 대체하지도 않으신다. 하나님은 결코 새로운 정보에 눈을 돌리거나 대중의 의견에 흔들리지도 않으신다. 하나님은 자신이 시작한 일을 결코 철회하실 생각이 없다. 하나님은 자신의 약속에 매진하고 계시며, 단호함을 잃지 않으시고, 완전한 계획 안에서 자신의 뜻을 이미 확정하셨다. 이 세상의 어떠한 일도, 혹은 그 누구도 하나님의 뜻을 돌이키거나 곁길로 들어서게 할 수 없다.

이처럼 하나님께서 한번 정하신 마음을 결코 바꾸실 수 없다는 사실은 하나님의 백성들이 평안히 잠들 수 있는 이유가 된다. 우리는 하나님께서 자신의 어떠한 약속도 재고하지 않으실 것을 잘 알고 있다. 하나님은 자기 스스로 하신 말씀을 단 한 마디도 철회하지 않으실 것이다. 그러므로 우리는 하나님의 말씀 위에 우리의 삶 전부를 견고히 세우고 하나님을 완전히 신뢰할 수 있다.

예수 그리스도 안에서 하나님이 주신 약속

히브리서는 예수님에 대한 믿음을 포기하도록 여러 유혹과 고난을 받고 있는 그리스도인들을 대상으로 기록된 편지다. 저자는 오직 예수 그리스도만이 하나님과의 흔들림 없는 평화를 주실 수 있다고 강조한다. 예수님이 결코 깨질 수 없는 새롭고 더 좋은 언약을 세우셨다는 사실을 그 근거로 들면서 말이다. 따라서 예수님에 대한 믿음을 포기하는 것은 결국 하나님을 포기하는 것이 된다. 이러한 주장을 뒷받침하기 위해 저자는 시편 110:4을 반복해서 인용하는데, 해당 시편에서 다윗은 훗날 영원한 제사장이자 왕이 될 자신의 더 나은 후손, 곧 메시아를 바라보고 있다.

> 오직 예수는 자기에게 말씀하신 이로 말미암아 맹세로 되신 것이라 주께서 맹세하시고 뉘우치지 아니하시리니 '네가 영원히 제사장이라' 하셨도다(히 7:21).

히브리서 저자가 그 시편을 인용한 이유는 예수님 안에 있는 하나님 약속의 확고부동한 안전성을 강조하기 위함이다. 저자는 "[이 맹세 때문에] 예수는 더 좋은 언약의 보증[인]이 되셨다"고 역설한다(22절, 개역개정은 '이와 같이…'). 여기서 "보증인"(guarantor)이란 매우 강력한 표현이다. 이 단어는 때론 '보증/담보'(surety)로 번역되곤 하는데, 주로 다른 사람의 부채나 채무에 대한 모든 법적인 연좌를 대신 떠안는 사람을 의미한다. 보증인들은 "파산과 투옥은 물론이고, 심지어는 노예가 될 수도 있었다. 그들은 '자신들이 보증했던 사람과 동일한 형벌'을 받기 때문이다."[12] 하나님의 아들이신 예수님이 친히 우리의 보증[인]이 되신다! 그러므로 하나님께서 우리를 자신의 백성으로 받아들이실 것임을 예수님이 절대적으로 보증하시는 셈이다! 우리를 위하여 행하신 예수님의 이 놀라운 사역은 예수님이 실패하지 않는 한 결코 실패할 수 없다. 그것은 하나님의 맹세에 근거하며, 하나님은 "결코 마음을 변개함이 없으신 분"이므로 우리를 위한 예수님의 보증 역시 결코 실패하지 않는다.

무언가 분명하고 확실한 것 속에는 말로 표현하기 힘든 엄청난 위안과 위로가 있다. 경험을 빌어 말하자면, 어떤 일이 약속대로 다 이루어질 때까지 우리 모두는 초조함을 느끼곤 한다. 끝까지 방심은 금물이다. 목회자로 섬기는 내가 자주 목격하게 되는 불안의 한 형태가 있다. 바로 예수님이 약속하신 그 구원을 정말로 받게 될지 의심하고 불안해 하는 사람들이다. 심각한 질병이나 노환으로 병상에서 일어나지 못하는 환우들 중에 그들이 이제 하나님을 만날 준비가 되었는지 물어보면, "글쎄요, 하나님께서 저를 받아주시길 소망할 뿐입니다"

---

12 Ceslas Spicq and James D. Ernest, *Theological Lexicon of the New Testament* (Hendrickson Publishers, 1994), p 392.

라는 식의 대답이 돌아오곤 한다.

감히 우리가 영생을 확신할 수 있다니! 이는 그저 꿈 같은 소망으로 보일 수 있다. 지독한 죄인인 우리가 감히 구원을 확신한다고 말하는 것이 교만해 보이고, 주제넘은 것처럼 느껴질 수도 있다. 하지만 예수 그리스도 안에서 하나님이 주신 약속이 우리에게 전달하는 메시지는, '그럼에도 불구하고 우리가 확신할 수 있다!'는 것이다. 우리 자신을 예수님의 손에 정말로 맡기기만 하면, 하나님 나라에서 우리의 입지는 예수님의 입지만큼이나 확실해진다. 그분이 보증인이 되어 주셨다. 이미 다 해결된 문제다. 이에 대해서만큼은 "아마도요", "희망하건데요", "어쩌면요" 등의 답변이 나와서는 안 된다.

사도 바울은 구원의 소망에 관해 확신을 가지고 말하기를 주저하지 않았다. 특히 로마서 8:29-30에서 바울은 그리스도인들을 가리켜, "하나님이 미리 아신 자들"이라고 지칭한다. 그리고 결코 끊어질 수 없는 하나님의 구원의 사슬을 설명하다가, 또 다시 그리스도인들을 가리켜, "[하나님이] 그들을 또한 영화롭게 하셨다"고 표현한다. 그리스도인인 우리는 이미 영화로운 존재이다. 우리의 미래에 놓인 것은 다름 아닌 하나님의 영광이다. 그리스도께서 하나님의 백성을 위하여 이루신 모든 성취가 마침내 우리의 기업이 되는 그날, 우리가 하나님을 "얼굴과 얼굴로" 마주 보게 될 예수 그리스도의 재림의 그날에, 그 놀라운 영광이 우리에게 완전히 실현될 것이다. 그런데 충격적이게도 바울은 이 사실이 이미 일어난 일인 것마냥 '과거 시제'를 써서 말하고 있다. 왜 그런가? 신실하신 우리 하나님은 결코 마음을 바꾸지 않으시기 때문이다. 하나님은 한번 시작하신 일을 반드시 끝마치실 것이다. 하나님은 우리처럼 말로는 했다가 행동으로는 옮기지 않는 그런 분이 아니다. 우리는 안심하고 평안히 쉴 수 있다. 하나님의 약속은 결코 변함이 없으며, 약속의 보증인이 되시는 예수님 안에서 우리는 항상 안전할 것이기 때문이다.

/////////////// **은혜의 선택 2: 학교에 가신 하나님** ///////////////

우리는 예수님의 어린 시절에 대해서는 아는 바가 거의 없다. 예수님의 탄생을 둘러싼 사건을 제외하고, 그분의 어린 시절에 관해 알려주는 자료는 누가복음이 유일하다. 누가는 예수님이 열두 살 때 예루살렘에서 잠시 행방불명된 사건을 기록한다.

   이는 온 세상 부모들의 공감을 불러일으키는 내용이 아닐 수 없다. 나 역시 우리 아이 중 하나가 갑자기 사라졌음을 깨닫고는 순간 눈앞이 캄캄해지고 속이 새카맣게 타들어갔던 끔찍한 경험이 몇 차례 있다. 한번은 교회에서 예배를 마쳤을 때였다. 당시 세 살배기였던 우리 딸아이는 부모들이 너무 오랜 시간 떠들어대는 것이 못마땅했는지 강당에 있던 서랍장에 기어들어가 스스로 문을 닫았다. 그리고 조용히 책을 펼쳤다. 아이가 사라졌다는 사실을 깨닫자마자 우리 부부는 패닉에 빠져서 한동안 넋이 나갔었다. 우리는 아이가 밖으로 나갔을지 모른다는 두려움 속에 제발 무사하기를 기도하면서 주변 거리를 헤매고 다녔다. 마리아와 요셉이 잃어버린 아들을 찾기 위해 무려 사흘 동안 인파로 붐비는 예루살렘 거리를 헤매고 다녔을 장면을 떠올리면, 당시 우리 부부를 쓰나미처럼 휩쓸고 갔던 그 엄청난 공포와 절망의 순간이 아직도 소름이 돋는다.

마리아와 요셉이 마침내 아들을 찾았을 때 느꼈을 안도감은 얼마나 컸을까? "사흘 후에 성전에서 만난즉 그가 선생들 중에 앉으사 그들에게 듣기도 하시며 묻기도 하시니 듣는 자가 다 그 지혜와 대답을 놀랍게 여기더라"(눅 2:46-47). 여기서 누가는 주변 구경꾼들이 무척 신기해 하는 모습과 예수님의 부모가 무척 안도하면서도 당혹스러워 하는 모습을 하나의 장면으로 선보이면서, 우리를 당시 상황 속으로 현장감 있게 끌어들인다. "그의 부모가 보고 놀라며 그의 어머니는 이르되 아이야 어찌하여 우리에게 이렇게 하였느냐 보라 네 아버지와 내가 근심하여 너를 찾았노라"(48절).

우리는 예수님의 대답에서 핵심을 보게 된다. "예수께서 이르시되 어찌하여 나를 찾으셨나이까 내가 내 아버지 집에 있어야 될 줄을 알지 못하셨나이까 하시니"(49절). 앞서 예수님의 탄생을 둘러싼 여러 초자연적인 사건에 관해 읽은 누가복음의 독자라면 이 모든 것이 비교적 쉽게 납득이 된다. 하지만 부모인 요셉과 마리아의 상황은 조금 달랐다. "그 부모가 그가 하신 말씀을 깨닫지 못하더라 … 그 어머니는 이 모든 말을 마음에 두니라"(50-51절). 지난 2천 년 동안, 수많은 사람들이 예수님을 하나님으로 믿고 예배했으며, 그 신앙을 중심으로 서구 문명이 재건되고 재형성되는 긴 역사의 과정을 거쳐 왔다. 따라서 누가복음에 기록된 십대시절의 예수님이 드러낸 신학적 지식과 통찰은 어떤 면에서는 독자들이 받아들이는 데 아무 문제가 없고 오히려 하나님 아들의 자연스러운 모습처럼 여겨질 수 있다. 하지만 누가는 이 에피소드를 그런 결론으로 마무리하지 않는다. 누가는 예수님이 그 부모와 함께 나사렛으로 돌아가 순종의 삶을 사셨으며, "지혜와 키가 '자라가며' 하나님과 사람에게 더욱 사랑스러워 가셨다"는 진술로 마무리한다(51-52절).

예수님이 '성장하셨다'(자라셨다)는 사실은 누가에게 매우 중요한 의미를 갖는 게 틀림없다. 왜냐하면 누가는 이러한 사실을 나사렛 예수의 어린 시절 이야기의 맨앞과 맨뒤에 마치 북엔드(bookend, 세워놓은 책들이 쓰러지지 않도록 받치는 물건)처럼 배치하고 있기 때문이다. 예루살렘 방문 이야기 직전에도, 누가는 마리아와 요셉이 아기 예수를 나사렛에 있는 집으로 데리고 갔다고 진술한다. 그러면서 "아기가 자라며 강하여지고 지혜가 충만하며 하나님의 은혜가 그의 위에 있더라"(40절)고 기록한다. 우리는 누가복음 1:80의 예수님의 사촌 세례 요한에 대한 기사를 통해서도 거의 비슷한 표현을 보게 된다. "아이가 '자라며' 심령이 강하여지며." 분명히 어린 시절 예수님께서는 매우 특별한 부분이 있었지만, 동시에 매우 정상적인 부분도 있었다. 그것은 바로 예수님도 다른 아이들과 전혀 다를 바 없이 '성장하고 자랐다'는 것이다!

공생애 동안 예수님은 하나님을 자신의 아버지라고 주장하실 수 있었으며, 자신의 죽음과 부활과 승천을 통해 그 주장의 증거를 가장 잘 보여주실 것이었다. 예수님은 하나님의 아들로서 모든 신적 권능과 특권을 소유하고 계셨다. 그러나 동시에 예수님은 자라고 성장하셨다. 단지 신체적으로만 아니라 '지혜(지식)도 자라났다'는 것이다.

다른 말로 하면, 예수님도 학교를 다니신 셈이다. 예수님도 어릴 때 ABC(또는 히브리어 알파벳, '알레프', '베트', '기멜' 등)를 배우셔야 했다는 것이다. 이미 예수님이 누구이신지를 알고 있는 우리로서는 이러한 사실을 언뜻 받아들이기 어려울 수 있다. 실제로 히브리서 기자 역시 이런 사실에 경이로워하면서 "그가 아들이시면서도 …배우셔야 했다"(히 5:8)는 사실을 기록한다. 믿기 어렵겠지만 예수님은 정말로 배우셨다. 하나님의 아들도 읽고 공부하셨다!

예수님의 완전한 신성과 완전한 인성

여기서 우리는 예수님의 이성(mind)에 대해 잠시 살펴볼 필요가 있다. 이는 완전하신 하나님이자 동시에 완전한 사람이었던 예수 그리스도의 신성과 인성을 둘 다 함께 진지하게 받아들이지 못하는 우리의 본능적인 실수를 극복하는 가장 좋은 방법 중의 하나이다. 이전의 에피소드에서 우리는 초대 교회의 일부 지도자들이 예수님의 완전한 신성을 받아들이는 데 어려움을 겪었다는 사실을 지적했다. 그것과 반대로, 다른 사람들의 경우는 예수님의 완전한 인성을 받아들이는 데 큰 어려움을 겪었다. 이 또한 마찬가지로 엄청난 논란을 불러일으킨 사안이었다. 그리고 나와 비슷한 수준의 사람이라면, 아마도 예수님을 완전한 신성과 완전한 인성을 동시에 지닌 완전한 하나님으로 생각하기보다는 예수님을 마치 신-인의 혼합된 존재로 생각할 위험이 더 크다. 그것은 사고의 한계를 지닌 우리가 겪는 일반적인 실수이다.

교회 초창기에도 그리스도인들은 이 문제로 큰 어려움을 겪었고, 이로 인해 반드시 바로잡아야 하는 신학적인 막다른 골목에 다다랐다. 몹시도 위험스러웠던 그런 가르침 가운데 하나가, AD 382년 사망한 라오디게아의 주교, 아폴리나리스(Apollinaris, Bishop of Laodicea)가 주창한 이론이다. 아폴리나리스 주교는 본래 예수님의 신성을 부정했던 아리우스주의를 강하게 반박한 인물이었다. 그 과정에서 아폴리나리스는 도무지 설명이 어려운 성육신의 신비를 이해시키려는 시도로 나름의 이론을 제시했다. 그의 주장에 따르면, '하나님의 아들로서 예수라는 존재는, 본질적으로는 인간 예수의 몸 안에 고스란히 거하면서도, 다만 인간의 이성과 영혼의 자리를 신성이 대체하는 존재였다는 것이다. 따라서 우리가 믿는 예수님은 결국 사람 몸 안에 있는 하나님(문자 그대로 "육체로"[즉, '육체 안에'] 성육신하신 하나님)이기 때문에 그분을 경배해야 한다는 주장이었다.

이런 주장은 여러모로 설득력 있게 들리는 매력적인 발상이긴 하다. 그러나 과연 예수님이 그런 존재였다면, 예수님이 어떻게 해서 실제 한 인간으로서 여김 받을 수 있었는지 납득하기가 어려워진다. 이성을 소유하는 것은 우리가 인간이라는 사실을 증명하는 매우 중요한 요소인 것이 분명하다. 아폴리나리스와 동시대 인물인 그레고리우스(Gregory)는 그의 주장을 반박했다. "누구든지 예수를 인간의 이성이 없는 존재였다고 믿는다면 그런 사람은 그야말로 이성이 없는 사람이며 구원받기에 합당하지 않은 자임이 분명하다. 그리스도가 그런 방식으로 인간의 이성을 갖지 않으셨다면 그분은 우리를 치유하지 못하셨을 것이기 때문이다."[13] 즉, 쉽게 말하자면, 인간의 이성이 없는 구원자는 인간의 이성이 없는 사람들에게만 유익한 구원자라는 뜻이다.

그러나 예수님은 인간의 이성을 분명히 갖고 계셨다. 심지어 예수님은 배우셨다. 예수님은 지혜의 영역에서도 성장하셨고 자라나셨다. 이 사실을 성경에서 말씀하는 그대로, 그냥 그대로 받아들여라. 물론 하나님은 배우실 수 없다. 그런데 예수 그리스도의 생애를 통해 하나님은, 우리가 도저히 설명할 수 없는 방식으로, 우리처럼 배움과 성장의 삶을 사셨다.

---

13 Gregory of Nazianzen, "Letter to Cledonius the Priest: Against Apollinaris", in *A Select Library of the Nicene and Post-Nicene Fathers of the Christian Church*, Vol. 7, ed. Philip Schaff (T&T Clark, 1894), p 440.

배우기를 선택하신 완전한 하나님

물론 이것은 여전히 우리에게 여러 질문을 남긴다. 그렇다면 인간의 이성으로 하나님처럼 생각하고 아는 것이 과연 가능할까? 물론 아닐 것이다! 하나님은 우주의 모든 입자와 원자의 움직임을 처음부터 끝까지 완전히 다 알고 계신다. 하나님은 모든 물질의 역사 속에서 우리가 생각할 수 있는 매순간마다, 각 입자가 서로에게 미치는 정확한 영향과 그 움직이는 위치와 상관성까지 모두 다 정확히 꿰고 계신다. 하나님은 시간을 뛰어넘는 영원한 세계에서 이 모든 것을 단 한 순간에, 우리 언어로 표현할 수 없는 어느 초월적인 한순간에 이미 다 알고 계신다. 이것은 우리 지성의 한계를 뛰어넘는 감당할 수 없는 개념이다. 창조주 하나님께서 생각하신다는 것이 과연 어떤 개념이고 어떤 모습일지 우리가 어떻게 알겠는가? 나의 이 작고 작은 뇌로 그 크신 하나님에 대해 상상해 보는 것만으로도 나의 모든 뇌세포가 으스러지고 녹아내릴 정도다.

아폴리나리스 주교가 그랬던 것처럼, 예수님의 성육신이 어떠한 것인지를 억지로 설명해 볼 방법을 찾으려고 우리가 계속 애쓴다면 우리는 결국 매우 깊고 위험한 물에 빠지게 될 것이 분명해 보인다. 지금까지 교회 역사의 경험에 따르면, 그리스도 성육신의 신비한 메커니즘을 우리의 이성으로 이해하려 하지 않는 것이 더 안전하다. 우리는 그런 성육신의 신비 자체를 우리를 위한 것으로 받아들이고 감사해야 할 것이다. 예수 그리스도는 완전하시고 참되신 하나님의 아들이시다. 만물이 그리스도로 인하여 창조되었고, 그리스도 말미암아 만물이 존재한다. 동시에 예수 그리스도는 우리의 구원을 위하여 친히 참되고 온전한 사람이 되셨다. 그리스도는 우리의 한계를 우리와 똑같이 공유하셨다. 발에 묻은 흙먼지에서부터 머릿속 뇌세포에 이르기까지 우리 주님은 우리의 모든 경험과 한계를 몸소 겪으셨다. 하나님께서 우리 중 하나와 같이 되신 이유는 단 하나 밖에 없다. 하나님은 우리를 너무나 사랑하시고 우리를 하나님 자신과 화목케 하길 원하시기 때문이다. "하나님이 세상을 이처럼 사랑하사 독생자를 주셨으니 이는 그를 믿는 자마다 멸망하지 않고 영생을 얻게 하려 하심이라"(요 3:16).

과연 누가 이 모든 것을 제대로 이해할 수 있겠는가? 나는 못한다. 예수님의 가장 가까운 친구 중 하나였던 베드로는 이 사실을 이렇게 표현한다. "심지어 천사들조차도 그런 것들에 대해 깊이 들여다보기를 원했다"(벧전 1:12). 나는 어떻게 그 전지전능하신 하나님께서 스스로 '배움이'(learner)라는 꼬리표를 달고 이 땅에 오셨는지 완전히 이해하지 못하지만, 그분이 나를 위해 그렇게까지 하셨다는 사실에 엄청난 충격과 경이를 느낀다. 우리 자신의 구원에 관한 것이라면 우리 모두는 어린아이처럼 그것을 받아들여야 한다. 하나님께서 우리를 생각하시고 우리를 위해 몸소 행하시는 일들 속에는 우리로서는 도저히 감당할 수 없고 헤아릴 수 없는 극한 지혜와 우리를 향한 어마어마한 사랑이 깊이 배어 있다. 그것은 우리가 한번도 경험한 적 없는 수준의 놀랍도록 겸손하고 친밀한 사랑이다. 아무튼 나는 그런 하나님을 신뢰하면서, 오늘도 편히 잠들 수 있다.

4. 하나님은 눈에 보이실 수 없다

에드거 앨런 포(Edgar Allan Poe)의 『도둑맞은 편지』(The Purloined Letter)라는 유명한 단편소설이 있다. 정부의 어느 부패한 장관이 여왕의 편지를 훔쳐 협박에 사용한다. 경찰국장은 장관 사저의 벽지 뒤와 카펫 아래까지 확인했지만 편지를 찾으려는 국장의 시도는 소용이 없었다. 아무리 찾아봐도 도둑맞은 편지를 찾을 수 없었다. 탐정, 오귀스트 뒤팽(C. Auguste Dupin)은 결국 평범한 편지꽂이에 다소 허름한 모양으로 꽂혀 있던 도둑맞은 편지를 발견하고 사건을 해결해 낸다. 경찰의 가택 수택을 예상했던 장관이 편지의 봉투를 뒤집어서 다른 주소를 적고는, 그 편지를 오히려 더 눈에 잘 띄는 곳에 둠으로 눈속임을 하려

했던 것이다.

  이처럼 여러 가지 이유로, 때로는 우리 눈에 사물이 보이지 않거나 적어도 보이지 않는 것처럼 느껴질 수 있다. 예를 들면, 내 자동차 열쇠는 간혹 자기 자신을 선택적으로 보이지 않게 만드는 놀라운 능력이 있다(아니, 그런 것처럼 보인다). 그 능력은 특히 내가 서둘러 나가려고 할 때, 또는 이미 너무 약속에 늦어버린 때 가장 탁월하게 발휘된다. 사실 그것은 차 열쇠의 능력이 아니다. 내 안에서 일어나는 어떤 일 때문에 내가 정상적으로 사물을 볼 수 없는 경우가 발생한 것이다. 어떤 경우에는 크기가 너무 작거나 시야에서 멀리 떨어져 있어서 잘 보이지 않을 때도 있다(특히, 나의 시력이 갈수록 노화되고 있다 보니 더 그런 것 같다). 반대로, 내가 너무 작고 너무 가까이 있다 보니 볼 수 없는 것들도 있다. 지구는 둥글고 거대하다. 그 지구에 비해 나는 매우 작고 땅에 들러붙어 있기 때문에, 일상의 경험에서는 지구가 둥글다는 사실이 전혀 와닿지가 않는다. 지구가 너무 크기 때문에 오히려 지구를 제대로 볼 수 없는 것이다.

  그리고 아무리 두 눈을 크게 떠봐도 나는 하나님을 전혀 볼 수가 없다. 누구도 예외는 없다. 이것은 이 땅 모든 사람의 보편적 경험이다. "본래 하나님을 본 사람이 없으되"(요 1:18). 실제로, 세계 최초의 우주비행사로 지구에서 충분히 멀리 떨어져서 지구의 곡률을 확인할 수 있었던 러시아 우주비행사, 유리 가가린(Yuri Gagarin)은 우주에서도 하나님이 눈에 보이지 않았음을 증언한 것으로 알려졌다.[14] 사실 그것은 우리의 예상에서 벗어난 게 아니다. 하나님은 우리 눈에 보이지 않는다. 하나님이 너무 멀리 또는 너무 가까이 계셔서 그런 것이 아니다. 하나님의 그 어마어마한 광대하심 때문도 아니다. 우리가 눈으로 하나님을 볼 수 없는 것은 전혀 다른 차원의 이유 때문이다.

보이지 않는 하나님? 그게 뭐?

사실, 보이지 않는 하나님에 대한 성경의 중요한 메시지는 마치 도난당한 편지와 같이 성경의 여러 본문 사이사이에 눈에 잘 띄지 않게 숨겨져 있다. 하지만 성경에 분명하게 명시되어 있음에도 불구하고 우리의 눈은 종종 대충 훑고 지나간다. 그 중 한 가지 흥미로운 사례를 우리는 디모데전서에서 찾을 수 있다. 바울이 디모데에게 쓴 이 편지는 특별히 하나님을 찬송하는, 북엔드처럼 앞뒤에 배치된 두 본문 사이에 놓여 있다. 두 본문의 문장 표현은 예수 그리스도의 복음 안에서 자기 백성에게 나타난 하나님의 선하심과 은혜에 감탄하며 경이로워하는 바울의 심정을 드러낸다. 여기서 바울이 선택한 언어는 매우 의도적이다.

그 첫 번째 본문은 디모데전서 1장이다. 그리스도인의 삶에서 정

---

14 가가린이 "여기 우주에서도 어떤 신도 보이지 않네요"라고 말했다고 전해진다. 그러나 이 우주비행사가 했다는 그 표현이 사실 비행 기록 장치에는 녹음되지 않았다. 당시 소련의 지도자, 니키타 흐루시초프의 연설에서 그것이 가가린의 발언인 것처럼 언급된 것일 수 있다.

말로 중요하고 핵심이 되는 것(따라서 지금 디모데가 에베소 교회에서 감당하려는 목회 사역에서 가장 중요한 것)이 무엇인지를 강조하는 하나의 방편으로, 바울은 자신이 회심하고 구원에 이르게 된 개인적인 경험을 들려준다. "내가 전에는 비방자요 박해자요 폭행자였으나." 그런 바울에게 하나님께서 개입하셨다. "그리스도 예수께서 죄인을 구원하시려고 세상에 임하셨다 하였도다 죄인 중에 내가 괴수니라"(딤전 1:13, 15). 하나님의 은혜에 대한 지난날의 기억이 너무나 강렬했던 나머지, 바울은 자신의 권면을 잠시 멈추고 갑자기 이렇게 외친다.

> 영원하신 왕 곧 썩지 아니하고 보이지 아니하고 홀로 하나이신 하나님께 존귀와 영광이 영원무궁하도록 있을지어다 아멘(딤전 1:17).

이 구절은 제법 익숙한 내용이지만 다소 의아한 부분이 있다. 나는 어렸을 때, '영원하시고 보이지 않으신 주'(Immortal Invisible)라는 유명한 찬송가를 불렀던 기억이 있다. 당시 나는 그 보이지 않는 하나님 때문에 사람들이 도대체 왜 그토록 생야단(?)을 떠는지가 무척 궁금했다.

우리는 편지의 마지막 장에서도 첫 장에서와 거의 동일한 패턴을 보게 된다. 이번에 바울은 그리스도의 재림에 관한 교훈을 전하던 중이었다. "우리 주 예수 그리스도께서 나타나실 때까지 흠도 없고 책망 받을 것도 없이 이 명령을 지키라 기약이 이르면 하나님이 그의 나타나심을 보이시리니"(딤전 6:14-15). 그러다가 바울은 또 다시 흐름을 끊고 갑자기 외친다.

> 하나님은 복되시고 유일하신 주권자이시며 만왕의 왕이시며 만주의 주시요 오직 그에게만 죽지 아니함이 있고 가까이 가지 못할 빛에 거하시고 어떤 사람도 보지 못하였고 또 볼 수 없는 이시니 그에게 존귀와 영원한 권능을 돌릴지어다 아멘(딤전 6:15-16).

두 본문을 자세히 살펴보면, 우리는 이것이 바울이 두 차례나 즉흥적으로 내뱉은 기도문이라기보다는 어떤 의도를 가지고 말한 것임을 알 수 있다. 먼저, 바울은 예수 그리스도의 첫 번째 강림(초림)에 대해 교훈하면서 편지를 시작하다가, 도중에 하나님의 특정한 속성을 찬양하는 기도를 한다. 다시 비슷하게, 바울은 예수 그리스도의 두 번째 강림(재림)에 대해 교훈하면서 편지를 마무리하다가, 도중에 하나님의 그 특정한 속성에 대해 똑같이 찬미하는 기도를 한다. 이것은 단순한 우연일 수가 없다!

따라서 우리가 던지는 질문은 이렇다. '하나님의 그 특정한 속성을 두 번이나 비슷한 방식으로 언급하는 바울의 의도가 무엇인가?' 만일 내가 '하나님의 다섯 가지 놀라운 속성'에 대해 쓴다면, 디모데전서 1장과 6장에서 바울이 기록한 목록과 일치할지는 잘 모르겠다. '하나님은 왕이시다', 그렇다; '하나님은 불멸하시다', 그렇다; '하나님께 모든 존귀와 영광이 돌려진다', 물론이다! 그런데 '이 하나님은 보이지 아니하신다?' 바울이 여기서 하나님의 그런 속성까지 포함시키는 게 언뜻 이해가 가지 않는다. 눈에 보이지 아니하시는 하나님에 관한 언급이 정말 우리 눈에 잘 띄는 평범한 본문 속에 이렇게 살짝 숨겨져 있지 않는가! 나쁜 아니라 우리 대부분은 이 본문을 읽으면서, 하나님에 대한 멋지고 웅장한 표현들만 주목했을 것이다. 그러면서 하나님의 보이지 아니하시는 속성에 관해서는 나처럼 별생각 없이 무심코 지나갔을 것이다. 이것이 우리의 자연스러운 반응 아니겠는가?

하지만 바울은 그 특정한 속성을 의도적으로 포함시켰다. 즉 우리가 반드시 주목해야 하는 중요한 내용이라는 것이다. 누군가 이렇게 물어볼 수 있겠다. "하나님을 우리 눈으로 볼 수 없다는 사실이 뭐 그렇게 찬양할 일인가요?" 매우 타당한 질문이다.

하나님의 보이지 아니하시는 속성을 중요하게 다루는 본문은 비단 디모데전서만이 아니다. 예수 그리스도를 높이는 가장 위대한 송가 중 하나인 골로새서 1:15은 이렇게 선포한다. "그는 보이지 아니하는 하나님의 형상이시요." 박해가 늘어가던 시기에 예수 그리스도를 향한 그리스도인들의 믿음을 북돋기 위해, 히브리서 저자는 믿음을 가리켜, "바라는 것들의 실상이요 보이지 않는 것들의 증거"(히 11:1)라고 설명한다. 이집트에서 하나님의 백성들을 약속의 땅으로 이끌어 냈던 모세의 용기는, "곧 보이지 아니하는 자를 보는 것같이"(히 11:27) 했던 그의 믿음에서 비롯된 것임을 언급하기도 한다. 신약성경에서 가장 놀라운 문학 작품으로 언급할 만한 요한복음의 서두는 다음과 같은 표현으로 마치고 있다.

> 본래 하나님을 본 사람이 없으되 아버지 품 속에 있는 독생하신 하나님이 나타내셨느니라(요 1:18).

교회 초창기에 북아프리카의 신학자 오리게네스란 인물이 있었다(Origen, AD 약 184-253년). 당대의 위대한 저술가로서 오리게네스는 요한복음의 서두에 대해 다음과 같은 진술을 남겼다.

> 요한은 … 지각이 있는 모든 사람에게 자연계에서 본질상 하나님을 볼 수 있는 존재는 없다는 사실을 선언하고 있다. 마치 하나님이 본래는 보이는 존재이신데 단지 자신보다 더 하등한 피조물의 시야에서 벗어나 계시거나 피조물의 시각을 혼란하게 하신 결과로 우리가 그분을 볼 수 없다는 것이 아니라, 그분이라는 존재의 본질 그 자체로 인하여 하나님이 우리 눈에 보이는 것이 철저히 불가능하다는 사실에 대한 선포인 것이다.[15]

다른 말로 하면, 하나님은 정말로 눈에 보이지 않는 존재시라는

---

15 Origen, "De Principiis," in *The Ante-Nicene Fathers*, Vol. 4, ed. Alexander Roberts, James Donaldson, and A. Cleveland Coxe, trans. Frederick Crombie (Christian Literature Company, 1885), p 245.

것이다—하나님이 우리 눈에 보이지 않는 것은 그분이 숨어 계셔서 도 아니고 멀리 계셔서도 아니란 말이다. 오리게네스가 상상력을 발휘해 자기만족적인 두뇌활동을 펼치고 있는 것이 아니다. 위의 진술은 기독교 최초의 체계적인 신학 작품으로 손꼽히는 오리게네스의 저서, 〈원리론〉(De Principiis, "제1원리에 관하여")에서 발췌한 내용이다. 다른 유사한 저술들과 다를 바 없이, 이것은 신앙을 논리적으로 설명하고자 집필한 '체계적인'(조직적인) 글이며, 따라서 저자는 혼동과 오류를 최소화하는 데 심혈을 기울였다. 그런 저술에서 저자 오리게네스는 하나님의 불가시성(invisibility)을 매우 중요한 기본 주제로 판단하여, 심지어 〈원리론〉의 제1장에서 그 주제를 다룬 것이다.

하나님의 불가시성이 주는 위로

하지만 우리는 하나님의 불가시성에 대한 믿음이 왜 그토록 중요한 사안인지 여전히 질문할 수 있다. 여기서 고려할 수 있는 한 가지 방법은 우리가 앞의 장에서 탐구하기 시작했던 바로 그 관점으로 되돌아가 거기서부터 다시 고민해 보는 것이다. 성경에서 우리는 현실 세계의 가장 중심이 되는 한 가지 기준을 마주하게 된다. 창조주와 피조물. 이 둘은 존재 자체가 서로 다르다. 창조주는 단지 '스스로 존재'할 뿐이다. 창조주에게 시작점이란 없다. 창조주는 피조세계의 그 어떤 것으로도 제한되지 않는다. 반면, 피조물에게는 시작점이 있다. 모든 피조물은 창조된 세계의 토대가 되는 특정한 규칙과 법칙에 종속

된다. 즉, 시간이나 공간 등 여러 요소에 제약을 받는 것이다. 그러나 하나님은 시간뿐만 아니라 공간에도 영향을 받지 않으시고 아무런 제한도 받지 않으신다.

우리가 이 책 2장의 시편 139편에서 읽었듯이, 하나님이 계시지 않는 곳은 없다. 우리는 멀고 먼 우주나 깊은 바다 속으로, 혹은 동쪽이나 서쪽 등 원하는 방향으로 어디든 자유롭게 여행할 수 있지만, 어디를 가더라도 하나님이 우리보다 먼저 그곳에 계셨다는 사실을 곧 인정하게 될 것이다. 이것은 하나님의 불가시성과 관련이 있는 주제이다. 하나님에게는 육체가 없기 때문에 우리는 그분을 볼 수 없다. 하나님은 비가시적 존재시다. 어느 장소에서 하나님을 경배해야 하는지에 대한 질문에 예수님이 내놓으신 답변 또한 같은 맥락에서 생각해 볼 수 있다. "하나님은 영이시다"(요 4:24).

하나님은 눈에 보이지 않으시고 육체도 없다는 사실이 무엇을 의미하는지 우리가 진정으로 이해하기 시작하면, 우리는 하나님을 다르게 대하는 법을 비로소 배우게 된다. 즉 그제야 우리는 창조주 하나님 앞에 갖춰야 할 마땅한 자세와 태도로 하나님을 대하는 법을 깨닫게 될 것이다. 만일 하나님이 육체를 가진 물리적 존재시라고 한다면, 그분은 어느 위치 또는 장소를 근거지로 삼아 자신의 실체를 두게 될 것이고, 그러면 우리가 움직이고 이동할 때마다 우리는 그분이 실체를 두시는 그 중심지로 더 가까이 향하거나 또는 거기서 더 멀어지게 될 것이다. 그러나 하나님은 물리적인 실체를 가진 존재가 아니시다. 그렇기 때문에 하나님은 모든 장소에서 완벽하게, 즉 부분적으로가 아니라, 완전하고 충만하게 임재하실 수 있다. 그러므로 우리가 이 글을 읽는 동안에도, 부엌일을 할 때도, 공원을 산책할 때도, 버스로 이동 중에도, 병상에 누웠을 때에도, 혹은 그 어느 장소에 있든지 하나님의 전부가 우리와 함께 계신다. 하나님은 항상 완전하게, 항상 충만한 방식으로 우리 각 사람을 대하신다. 하나님은 결코 나뉘지 아니하시고, 시공간에도 전혀 제한을 받지 않으시기 때문에, 인간적인 표현으로 말하자면, 우리는 하나님에게서 완전한 주목을 집중적으로 받을 수 있다. 하나님은 주위가 분산되지 않으며 어떤 방해도 받지 않으신다. 우리 한 사람 한 사람 모두가 하나님의 생각의 중심에 있으며 결코 가장자리에 밀려나 있을 수가 없다.

개인적인 생각에는, 이 개념이야말로 어쩌면 우리에게 가장 위로가 될 수도 있고, 혹은 가장 마음을 심란하게 할 수도 있을 것 같다. 우리 삶의 모든 행위와 미세한 움직임조차 하나님의 완전한 시선과 세밀한 관심 아래 있다. 따라서 우리가 어떤 고난이나 불의 가운데 있을 때, 이 진리를 묵상한다면 분명 위로가 될 것이다. 하나님은 우리의 단 한 순간도 놓치시는 법이 없다. 하나님은 모든 상황과 사건 속에서 우리와 함께 하신다. 우리가 겪는 모든 일에 대한 이유도 결국엔 밝혀질 것이다. 반면에, 우리 삶에서 하나님과 함께는 도저히 '가지 말아야 할' 영역으로 여겨지는 부분이 있다면, 그 일을 재고할 필요가 생긴다. 신학자들의 표현대로, 일상의 매순간마다 우리는 하나님 앞에서 '코람데오'(coram Deo)의 삶을 이미 살고 있음을 기억해야 한다. 이 세상에 하나님이 임재하지 않으시는 곳은 없다. 우리의 집이나 일터, 우리의 하루 중 어느 한 순간, 붐비는 도시의 어느 은밀한 장소라 해도, 하나님이 계시지 않는 곳은 아무데도 없다.

이 진리는 우리의 직관에 반하는 것처럼 보일 수 있다. 성경이 말하는 내용을 보면 조금 다르게 느껴지기 때문이다. 실제로, 모세 때부터 하나님의 임재는 성막과 함께, 그리고 후에는 성전과 함께 연결되어, 하나님 백성들의 눈에 보이는 특정한 방식으로 함께 했다. 그 성전의 지성소에서 하나님의 임재가 가시적으로 현현하여 누구든지 그리로 무모하게 들어갔다가는 즉사할 정도로 특별했다. 그렇다면 하나님은 다른 어느 곳보다 그 특정한 장소에서 어떤 식으로든 더 충만하게 '임재'하신 것이 아닌가?

하나님의 임재에 관한 질문들(그리고 '장소'의 중요성)은 성경에서 다면적으로 다루는 주제이다. 이 주제를 설명하다 보면 자칫 지나치게 단순화시키기 쉽고, 그러다 보면 왜곡할 위험도 커진다. 여기서 모든 것을 상세히 설명하지는 않겠다. 다만 우리는 하나님의 임재가 우리의 관점뿐 아니라 하나님의 관점에서도 언급될 수 있다는 점에 유의해야 한다. 인간의 관점에서 볼 때, 하나님의 임재에 대한 우리의 경험은 하나님께서 우리에게 무엇을 계시하고자 하시는지, 그리고 어디서 그렇게 하기 원하시는지에 따라 충분히 달라질 수 있다. 하지만 하나님의 관점에서 본다면(이런 식의 표현이 다소 주제넘게 느껴지긴 하지만)

사실, 하나님은 언제 어디서나 완전하고 충만하게 임재하신다. 성막과 성전처럼 특정한 장소에서 하나님이 특별한 방식으로 임재하겠다고 정하시긴 했지만, 그것은 단지 우리 인간의 연약함을 배려하신 은혜일 뿐이지 그 일로 인해 다른 장소에서 하나님의 임재가 잠시라도 소홀해지거나 부족해지지는 않는다.

그러니 혹시 오늘 밤에 또 다시 잠을 이루지 못한 채 혼자 누워 있더라도 낙심하지 말기 바란다. 희미하게 밝아오는 새벽 미명 속에 홀로 깨어 있게 되더라도 스스로에게 이렇게 이야기할 수 있다. '괜찮아, 하나님이 여기 계셔.' '하나님은 지금 이곳에 나와 함께 계셔.' '영원하신 하나님, 보이지 아니하시는 하나님, 그분의 충만한 임재가 여기에도 있는 거야.' 침대 옆 장식등이나 옷장 서랍, 방구석에 쌓인 잡동사니처럼, 우리 방에 그 모든 물건들이 완벽하게 실재하듯, 하나님도 우리의 방에 완벽하게 현존하신다. 아니 그 어떤 물건보다 더 충만하게 임재하신다. 왜냐하면 창조주 하나님의 존재는 그 자체로 이 세상 그 어느 피조물보다 실재적이며, 하나님의 창조세계 어느 곳에나 하나님의 전부가 충만한 임재로 함께 하시기 때문이다. 그러므로 혹시 두려움이나 좌절감에 빠지고 혼자라고 느끼더라도 마음에 평안을 누리길 바란다. 천천히 심호흡을 하면서 안정을 취하고, 지금도 우리 곁에 함께 계시는 하나님의 충만하신 현존을 만끽하길 바란다.

보이지 아니하시는 하나님의 영광

한편, 바울이 디모데에게 보낸 첫 번째 편지에서, 그가 하나님이 보이지 아니하신다고 말한 또 다른 이유에 대해서도 살펴볼 필요가 있다. "오직 그에게만 죽지 아니함이 있고 가까이 가지 못할 빛에 거하시고 어떤 사람도 보지 못하였고 또 볼 수 없는 이시니 그에게 존귀와 영원한 권능을 돌릴지어다 아멘"(딤전 6:16). 앞서 우리는 하나님에게 없는 것(즉, 육신의 몸)에 대해 이야기했다. 즉, 하나님은 우리 눈으로 볼 수 없다는 뜻이다. 우리는 또한 하나님이 본질적으로 소유하신 것에 대해서도 생각할 필요가 있다. 즉, 하나님이 대체 무엇을, 어떤 능력을 가지셨기에 그것으로 인하여 우리에게 보이지 않게 되신 것인지 살펴보아야 한다. 그것은 바로 영광이다. 우리의 하나님은 너무나 밝고 순전하고 영화로운 광채로 빛나는 영광의 하나님이시기 때문에 우리 같은 죄인들은 감히 그분을 쳐다볼 수가 없다.

구약 성경은 사람이 하나님을 대면하여 보는 것이 위험천만하다는 개념을 반복해서 강조한다. 사사기에서 "여호와의 사자"(주의 천사)가 마노아와 그의 아내(삼손의 부모) 앞에 나타났을 때, 마노아는 이렇게 말한다. "우리가 하나님을 보았으니 반드시 죽으리로다"(삿 13:22). 야곱이 여호와의 사자를 대면한 사건 후에 창세기 본문은 이렇게 알려준다. "그러므로 야곱이 그 곳 이름을 브니엘이라 하였으니 그가 이르기를 내가 하나님과 대면하여 보았으나 내 생명이 보전되었다 함이더라"(창 32:30). 모세가 하나님께 주의 영광을 보여 주시길 간청하자 하나님은 이렇게 말씀하신다. "여호와께서 이르시되 내가 내 모든 선한 것을 네 앞으로 지나가게 하고 여호와의 이름을 네 앞에 선포하리라 나는 은혜 베풀 자에게 은혜를 베풀고 긍휼히 여길 자에게 긍휼을 베푸느니라 또 이르시되 네가 내 얼굴을 보지 못하리니 나를 보고 살 자가 없음이니라"(출 33:19-20).

결론적으로 우리에게 주어진 것은 두 개의 보완적인 개념이다. 우리가 하나님을 있는 그대로 본다는 것은 물리적으로 불가능한 일이다. 인간의 눈은 빛이 어떤 사물의 표면에서 반사되어 눈에 도달하게 될 때 그 사물을 '보게' 된다. 그러나 하나님의 경우, 빛을 반사해 낼 수 있는 몸(육신) 자체가 없기 때문에 우리 눈에 보이지 않으신다. 하지만 또 한편으로, 우리가 하나님을 보는 것은 우리에게 영적으로도 불가능한 일이다. 우리에게는 그럴 능력이 없다. 볼 수 있는 어떤 실체가 없어서가 아니라, 그 실체가 너무 감당할 수 없을 정도로 어마어마한 것이기 때문이다. 하나님은 빛을 반사하지는 않는다. 하지만 하나님은 우리가 감히 "가까이 가지 못할 빛에 거하시는" 분이다. 하나님을 보려고 하는 시도는 마치 눈부신 태양을 직접 보려고 하는 것과 비슷하다. 하나님의 영광으로 충만한 임재 안으로 들어가려는 시도는 불타는 태양 위를 맨발로 걷는 것보다 더 위험한 일이다. 그런 의미에서 본다면, 하나님께서 자신의 영광스러운 임재를 이 땅에 완전히 드러내지 않고 자제하시는 것 자체가 하나님이 허락하시는 또 하나의 자비인 것이다. 만일 하나님께서 그분의 빛나는 영광의 광채로부터 우리를 가려주시고 보호해 주지 않으신다면 우리는 살아남지 못할 것이 분명하다. 이것은 우리의 잠 못 이루는 밤에 우리의 마음을 사로잡아 위로하는 또 하나의 감격스러운 진리가 아닐 수 없다. 거룩하신 영광의 하나님께서 나 같은 죄인을 얼마나 큰 자비와 사랑으로 배려하고 계시는가!

참으로 하나님은 완전하시고 거룩하신 분이다. 바로 이 사실에 기초하여, 하나님이 행하실 수 없는 또 다른 한 가지를 다음 장에서 소개하고자 한다.

5. 하나님도 때로는 차마 못 보신다

우리 가족이 즐겨 보는 TV 프로그램 중 하나는 리차드 아요아데(Richard Ayoade)의 〈트래블 맨〉('Travel Man: 48 hours in…')이다.

내용은 단순하다. 이 여행 프로그램의 호스트인 아요아데는 그다지 여행을 좋아하지 않지만, 동료 코미디언 또는 배우들(비교적 섭외가 쉬운 연예계 인물들)을 섭외해 유명 여행지로 함께 주말여행을 떠난다. 여행하는 48시간 동안 최대한 많은 활동을 일정에 채워 넣는데, 모든 것은 단 하나의 질문에 답하기 위해서다. "우리가 지금 여기 있는데, 꼭 왔어야 했나?" 자신이 싫어하는 것들을 유쾌한 입담으로 풀어내는 호스트의 능력을 최대한 끌어내기 위해, 대부분의 에피소드에는 맛없는 현지 요리를 맛볼 기회도 포함된다.

최근에는 스테판 망간(Stephen Mangan)이 출연해 아요아데와 함께 마라케시(Marrakech)로 여행했다. 마라케시의 무두질 공장 체험은 제법 괜찮았다. 극장에선 4D 영화가 가능한 시대이지만 다행히 일반 가정에서는 디지털로 냄새를 구현하는 기술이 없었기 망정이지 무두질 공장의 악취는 화면으로 보는 것만으로도 끔찍하다는 게 느껴졌다. 하지만 그들이 위험을 무릅쓰고 길거리 음식을 먹는 장면에선, 속이 니글거린다는 격한 반응이 우리 식구들 입에서 쏟아져 나왔다. 화면 속 접시 위에는 양 대가리 찜이 통째로 올려져 있었다. 용감무쌍한 배우 망간이 양의 뇌, 눈알, 입술 등을 목구멍으로 넘기기 위해 안간힘을 쓰는 장면에서는 두 손으로 눈을 가리면서 손가락 틈새로 주시하기도 했다. 아직 우리 막내에게는 너무 과한 장면이었을까? 아이는 화면을 계속 쳐다보는 걸 힘들어 했다.

혹시 하나님도 우리처럼 비위가 약하실까? 물론 그렇지는 않으실 것이다. 그런데 성경은 가끔 그와 비슷한 언급을 하는데, 심지어는 하나님께서 차마 쳐다보는 것도 못하실 때가 있다고 말한다. 하박국 1:13은 이렇게 말한다. "주께서는 눈이 정결하시므로 악을 차마 보지 못하시며."

죄와 악에 관한 것만큼은, 하나님은 손으로 두 눈을 가리고 (은유적으로 말하자면) 틈 사이로 힐끔 보는 것조차 못하신다. 하나님은 죄를 역겨워하시며 악을 절대로 꿀꺽 삼키지 못하신다. 하박국 선지자는 본문에서 이 사실을 확인하며 재차 말한다. "주께서는 눈이 정결하시므로 악을 차마 보지 못하시며 패역을 차마 보지 못하시거늘"(합 1:13). 하나님께서는 단지 죄악을 입맛에 맞지 않는 불쾌한 음식으로 여긴다거나, 혹은 싫어하시는 정도가 아니라, 문자 그대로 죄악을 바라보는 것조차 견디지 못하신다는 것이다. 그렇다고 해서 하나님이 자신의 창조 세계에서 벌어지는 죄와 악을 인식하지 못한 채 행복한 무지 상태로 계신다는 의미는 아니다. 성경 다른 본문에서는 분명히 지적한다. "여호와의 눈은 어디서든지 악인과 선인을 감찰하시느니라"(잠 15:3). 그러므로 하나님은 패역을 차마 보지 못하신다는 하박국의 표현은 (죄에 대한 하나님의 관심의 정도나 악에 대한 그분의 지식의 범주를 논하려는 것이 아니라) 사실상 죄악에 대한 하나님의 극한 혐오를 강조하는 진술이다. 하나님은 죄악을 단 0.1초도 견디지 못하신다! 우리 그리스도인에게 이러한 말씀은 경각심을 불러일으키는 경고인 동시에, 결국에는 깊은 위로를 주는 말씀이 아닐 수 없다.

안식을 잃어버린 우리

이번 장에서 우리는 그 깊은 위로를 얻기 위한 기나긴 여정을 떠나고자 한다. 약 1,500년이 넘는 세월 동안 여러 성경 저자들이 기록해 놓은 인류의 이야기, 얽히고 설킨 이 땅의 오랜 시간 동안 수많은 인물들이 저마다의 배역으로 등장했던 역사의 무대를 통과해 보려고 한다. 이것은 또한 우리 삶의 중심부를 거치는 우리 자신의 이야기이기도 하다. 그러니까 우리는 우리가 창조된 목적인 하나님과의 연합에 대해, 그리고 현재 우리가 겪고 있는 하나님으로부터의 단절의 기원에 대해 추적해 보려고 한다.

성경의 이야기는 우리의 현실에서 부인할 수 없고 궁극적으로 가장 중요한 하나의 실재로부터 출발한다. 그 출발점은 바로 하나님이다. "태초에 하나님이…"(창 1:1). 그런 다음 성경은 창조주 하나님께서 질서정연하고 아름다운 창조의 세계를 현실로 만들어 놓으시는 장면을 묘사한다. 그렇게 창조된 세계는 오직 하나님에게 의존하며, 오직 하나님과 바른 관계를 맺음으로써만 존속할 수 있었다.

창세기 1–2장의 창조 기사가 이 질서정연함을 마치 그림처럼 명징하게 묘사하고 있다. 하나님께서 말씀으로 펼쳐놓으신 각 공간에 제각각 적절한 피조물들을 또한 말씀으로 채워 넣으시는 가운데, 창조의 여섯 날들은 사실상 세 쌍으로 짝지어져 있다. 첫째 날과 넷째 날이 함께 묶여 있다(낮과 밤; 달과 해와 별들). 그리고 둘째 날과 다섯째날(하늘과 바다; 새와 바다 생물들), 셋째 날과 여섯째 날(육지와 초목; 동물들과 인간)도 마찬가지로 서로 묶여 있다. 하나님의 창조 사역은 하나님의 형상으로 남자와 여자를 창조하시는 여섯째 날에 이르러 정점으로 향한다. 인간의 임무는 생육하고 번성하며, "바다의 물고기와 하늘의 새와 땅에 움직이는 모든 생물을 다스림"으로써 하나님의 창조 세계를 충만히 채우는 것이었다(창 1:28).

우리는 이러한 인간 창조와 문화 명령이 창조 이야기의 정점에 해당한다고 생각하는 경향이 있다. 그러나 실제로 창조 이야기의 정점은 하나님께서 '안식'(rest)을 누리신 일곱째 날에 있다. 창조 기사의 다른 날들과는 달리 일곱째 날에는 짝을 이루는 날이 없다. 또한 신기하게도 이 안식의 날에는 앞의 여섯 날들을 각각 묘사했던 "저녁이 되고 아침이 되니"라는 표현도 나타나지 않는다. 따라서 그 함의는, 이 일곱째 날이 단순한 또 하루의 날이 아니라, 일종의 영구적인 상태가 지속되는 특별한 날처럼 보인다는 것이다. 결국 창조의 목표는 영원한 안식이었던 것이다.

성경에는 안식일(Sabbath)에 대한 개념 및 하나님의 백성이 '안식'(rest)을 복으로 누리는 것에 대한 개념이 소개된다. 이는 하나님 백성으로 살아간다는 것이 어떤 의미인지를 보여주는 중요한 개념이다. 예를 들어, 십계명을 생각해 보자. 십계명의 네 번째 계명은 예배와 관련하여 유일하게 긍정적인 교훈을 말한다. 처음 세 계명은 사실상 부정문의 형식을 띠고 있다. "너는 나 외에는 다른 신들을 네게 두지 말라 …너를 위하여 새긴 우상을 만들지 말고 …어떤 형상도 만들지 말며 …그것들에게 절하지 말며 그것들을 섬기지 말라 …너는 네 하나님 여호와의 이름을 망령되게 부르지 말라"(출 20:3-7). 이 명령들은 창조주와 피조물 사이의 존재론적인 명확한 차이를 지적하며, 이를 통해 드러나는, 오직 하나님께만 속한 특별한 위엄과 존엄을 강조한다.

그런데 안식일 계명은 성격이 다르다. "안식일을 거룩하게 지킴으로 안식일을 기념하라"(개역개정, '안식일을 기억하여 거룩하게 지키라' 8절). 이집트의 노예 생활에서 해방된 이스라엘 백성은 안식일 준수를 중심으로 생활 방식 전체를 재조정해야 했다. 이에 따라 그들은 6일 동안 열심히 일하지만 일곱째 날에는 하나님께서 창조 사역을 마치신 후 누리신 안식을 반드시 준행해야 했다.

'안식'은 성경 일부분에만 국한되지 않는다. 안식은 신구약 성경 전반에 걸쳐 일관되게 흐르는 중요한 개념이므로 우리는 이를 놓쳐서는 안 된다. 마태복음 11:28에서 예수님은 우리에게 익숙한 초청의 말씀을 하신다. "수고하고 무거운 짐 진 자들아 다 내게로 오라 내가 너희를 쉬게 하리라." 이 역시 예수님 시대의 청중들에게만 국한된 우리와 동떨어진 말씀이 아니다.

사실 예수님의 이 말씀은 구약 전체를 관통하는 주제 말씀이기도 하다. 이스라엘 백성 전체가 큰 위기에 처했던 순간, 시내 산에서 모세는 하나님으로부터 한 가지 중요한 확신을 얻는다. "여호와께서 이르시되 내가 친히 가리라 내가 너를 쉬게[안식하게] 하리라"(출 33:14). 여호수아서의 처음과 마지막 장면에서도, 하나님 백성의 약속의 땅 정복과 그들의 정착은 모두 '안식'이라는 개념으로 강조되고 있다. "여호와의 종 모세가 너희에게 명령하여 이르기를 너희의 하나님 여호와께서 너희에게 '안식'을 주시며 이 땅을 너희에게 주시리라 하였나니"(수 1:13). "여호와께서 주위의 모든 원수들로부터 이스라엘을 쉬게[안식하게] 하신 지 오랜 후에 여호수아가 나이 많아 늙은지라"(23:1-2).

신약에서 히브리서의 저자는 안식-쉼(Sabbath-rest)에 대한 구약의 약속을 단순히 땅을 기업으로 받는 것 또는 노동의 수고를 멈추는 것으로 보지 않았다. 오히려 안식의 궁극적인 의미로서 하나님의 임재 안에서 누리는 영원한 삶에 대한 약속으로 언급한다.

> 만일 여호수아가 그들에게 안식을 주었더라면 그 후에 다른 날을 말씀하지 아니하셨으리라 그런즉 안식할 때가 하나님의 백성에게 남아 있도다 이미 그의 안식에 들어간 자는 하나님이 자기의 일을 쉬심과 같이 그도 자기의 일을 쉬느니라 그러므로 우리가 저 안식에 들어가기를 힘쓸지니 이는 누구든지 저 순종하지 아니하는 본에 빠지지 않게 하려 함이라(히 4:8-11).

그러므로 진정한 안식은 우리를 지으신 창조주 하나님의 임재 안에 머물 때, 그리고 하나님과 바른 관계를 누릴 때에 비로소 얻게 된다. 그래서 성경은 "악인에게는 평강이 없다"고 선언하는 것이다(사 48:22). 4세기의 위대한 신학자 아우구스티누스도 이렇게 고백했다. "주여, 주께서는 당신을 위하여 우리를 만드셨으니, 주님 안에서 안식을 얻기 전까지는 우리 마음이 쉴 수 없나이다."[16]

창조 이야기로 돌아가서, 완전한 안식의 정점에 해당하는 장면을

---

16 Augustine, *Confessions*, ed. Michael P. Foley (Hackett Publishing Company, 2006), p 3.

살펴보자. 그것은 하나님과 사람이 조화로운 연합을 이루었을 때다. 이는 다음과 같은 질문을 필연적으로 제기한다. 만약 하나님께서 그분의 안식을 누리도록 우리를 지으신 것이 맞다면, 어째서 지금 우리는 이토록 안식을 누리지 못하는 것일까? 오늘 우리에게 익숙한 현실은 사실상 그 반대가 아닌가? 그것은 죄악을 차마 못 보시는 하나님으로부터 철저히 단절된 세상이다. 하나님이 이 세상을 창조하시던 당시의 목적이 피조물인 사람과 함께 안식을 누리고자 하심이었다면, 무엇이 잘못된 것일까? 그리고 어떻게 하면 다시 본래의 그 안식으로 돌아갈 수 있는가?

창세기 2장에서 우리는 에덴동산 한가운데 심겨진 두 특별한 나무들을 보게 된다. 하나는 영생을 주는 나무이고, 다른 하나는 선악을 알게 하는 지식으로 향하는 금지된 나무이다. 그런데 창세기 3장에서 남자와 여자가 내린 선택은 금지된 길로 향하는 것이었다. 바로 그 순간의 선택이 오늘 이 세상의 안식 없는 방황과 혼란의 시작이었다. 현재 우리는 하나님이 우리를 위해 마련하신 완전한 안식의 공간에 머물고 있지 않다. 지금 우리의 형편이 하나님께서 차마 눈뜨고 볼 수 없는 모습이기 때문이다. 그것에 더해, 창조세계 전체가 안식하지 못하고 끝없이 탄식하고 있다. 이는 하나님의 창조 계획의 완성에서 핵심 역할을 맡은 남자와 여자가 창조주 하나님으로부터 돌아섰기 때문이다. 그들의 불순종은 결국 창조주 하나님의 말씀이 가진 신실함과 권능을 부정하는 것이었으며,[17] 심지어 창조의 질서를 파괴하는 행위이기도 했다.

하나님으로부터 단절된 인간, 이것이 지금 우리가 처한 모든 문제의 근원이다. 아담과 하와는 안식의 땅 에덴동산에서 추방되었다. 창세기 저자는 안식이 없는 인류, 그 끝없는 방황의 역사를 탁월한 방식으로 풀어냄으로써 우리의 문제가 얼마나 심각한 것인지를 보여준다. 우리는 예전으로 돌아갈 수 있을까?

거룩한 하나님이 마련하신 길

성경의 나머지 이야기도 마찬가지의 긴장감으로 가득하다. 하나님은 자신의 형상대로 사람을 창조하셨다. 인간은 하나님에게 매우 특별한 존재로서 사랑스러움과 존엄성을 본질적으로 타고 났다. 그러나 인간은 스스로 하나님에게서 멀어지고 하나님의 성품과 상충될 것이 분명한 불순종의 길을 선택했다. 하나님과의 반목을 자초한 것이다. 결국 인간은 하나님을 볼 수 없게 되었고 하나님과의 직접적인 대면은 생명을 담보로 하는 두려운 일이 되었다. 한편 하나님은 인간의 죄악을 차마 볼 수가 없으시다. 그렇기 때문에 하나님께서 사람들에게 나타나 개입하시고 대면하시는 성경의 여러 장면 속에서 우리

---

17 하와를 겨냥한 뱀의 유혹은 결국 하나님의 말씀이 사실이 아니며 따라서 그 말씀에는 능력이 없다는 것("너희는 결코 죽지 아니할 것이다"), 그리고 사실상 그 말씀은 하나님의 비겁한 동기에서 비롯된 것("하나님은 너희가 그것을 먹으면 너희 눈이 열려서, 너희가 하나님처럼 될 것을 아신다")이라는 주장을 하와로 하여금 믿게 하려는 데 있었다.

는 묻지 않을 수 없다. '죄악을 차마 못 보시는 거룩한 하나님께서 어떻게 죄악으로 부패한 인간을 가까이 하실 수 있단 말인가?' '거룩하신 하나님이 거룩하지 않은 우리와 어떻게 함께 하실 수 있는가?' '그 긴장 상태는 어떻게 하면 해결될 수 있는가?' 대부분의 성경 역사를 통해 드러나듯, 우리는 하나님으로부터 숨어버린 인간을 하나님께서 몸소 찾아오시는 장면들을 통해 그 소망을 엿볼 수 있다.

창세기 3장의 에덴에서 아담과 하와는 하나님의 눈을 피해 숨고자 하는 헛된 시도를 벌였다(창 3:10). 하나님의 눈을 피해 숨으려는 인간의 욕구는 마지막 심판의 날까지 인류의 중요한 특징으로 각인된다. "산들과 바위에게 말하되 우리 위에 떨어져 보좌에 앉으신 이의 얼굴에서와 그 어린 양의 진노에서 우리를 가리라"(계 6:16).

하나님의 백성 이스라엘에게조차 하나님으로부터 숨으려 하는 그 딜레마는 예외가 아니었다. 그렇기에 우리가 잘 아는 출애굽 이야기의 핵심은 이스라엘 백성이 '이집트에서 떠났다'는 사실에 있지 않다. 오히려 이야기의 핵심은 하나님께서 자기 백성을 '하나님의 임재 안으로 이끄셨다'는 데 있다. "내가 애굽 사람에게 어떻게 행하였음과 내가 어떻게 독수리 날개로 너희를 업어 내게로 인도하였음을 너희가 보았느니라"(출 19:4). 이스라엘 백성은 하나님에게 가까이 나올 수 있게 되었지만, 명백한 한계도 있었다. 율법을 받기 위해 시내 산에 도착했을 때, 그들은 하나님이 현현하시는 산에 올라오지 말라는 지시를 받는다. 모세는 하나님에게서 엄숙한 경고를 받는다. "너는 백성을 위하여 주위에 경계를 정하고 이르기를 너희는 삼가 산에 오르거나 그 경계를 침범하지 말지니 산을 침범하는 자는 반드시 죽임을 당할 것이라"(출 19:12).

출애굽기 마지막 장에서 가장 극적인 대목은 하나님께서 자기 백성 가운데 거하시기 위해 임하셨다는 것이다(출 40:34-38). 출애굽기 앞의 절반은 하나님과 백성과의 이 만남을 가능하게 할 성막(회막)의 설계와 건축에 할애되고 있다. 실제로, 매우 정교한 방식으로 건축된 일종의 천막인 이 성막은 하나님의 백성을 안전거리에 두고 유지시키는 기능을 했다. 출애굽기는 하나님의 영광이 회막에 내려와 충만히 임하였지만 모세조차 그리로 들어갈 수 없었다는 진술을 통해, 하나님의 영광과 두려움이 동시에 극한 대조를 이루는 장면으로 끝맺는다. "모세가 회막에 들어갈 수 없었으니 이는 구름이 회막 위에 덮이고 여호와의 영광이 성막에 충만함이었으며"(출 40:35).

우리 눈으로 직접 볼 수 없는 거룩하신 하나님, 죄악으로 물든 우리를 차마 보실 수 없는 하나님께서는 그럼에도 불구하고 사랑하는 자기 백성들과 함께하실 길을 마련하셨다. 그러나 그 환호할 만한 순간에도, 하나님과 백성과의 만남을 가능하게 하기 위해 많은 시간의 공을 들여야 했을 뿐만 아니라 그 한계가 명확했다는 점에서, 인간의 (하나님으로부터의) 단절이라는 문제는 여전히 심각한 사안이었다. 하지만 그것이 이야기의 결말은 아니다. 우리는 추후에 이 주제로 다시 돌아올 것이다.

공의를 외면하는 우리

하나님은 거룩하신 분이기에 죄악으로 물든 우리를 아무렇지 않게 가까이하실 수 없다는 슬픈 사실에도 불구하고, 하나님이 우리를 가까이 하시기 위해 직접 방도를 마련하신다는 사실에서 우리는 분명한 위안을 찾을 수 있다. 게다가 우리를 대하시는 하나님의 판단은 언제나 공의로우며 완전하시고 실수가 없으시다.

하나님의 이런 모습은 우리의 행태와 비교하자면 매우 다르다. 철학자 버트런드 러셀(Bertrand Russell)은 '정서적 어형변화'(emotive conjugation)의 개념에 대해 언급한 적이 있다. '러셀의 어형변화'라고도 불리는 이것은, 같은 행동이나 상황을 가리키는데도 '나'와 '당신'과 '그'에 대한 묘사가 달라진다는 것이다. 이는 화자인 나의 감정에 따른 편향성 또는 관점에 따른 편향성이 반영되기 때문이다.

나는 확고한 사람이고,
당신은 완고한 사람이고,
그는 완전 고집불통인 사람이다.

같은 사안을 언급하는데도, '나'는 긍정적으로 표현하고, '당신'에 대해서는 다소 중립적이지만 부정적 뉘앙스를 더하고, '그'에 대해서는 매우 부정적이어서 비난하는 느낌이 들도록 하는 것이다. 신문사의 공모전을 통해 이와 유사한 모방이 여럿 언급되기도 했다.

나는 딸을 염려하는 부모이고,

당신은 간섭하는 경향이 있는 부모이고,

그는 딸의 일기장을 엿보는 부모이다.

영국의 정치풍자 TV 코미디, '예스, 프라임 미니스터'(Yes, Prime Minister)에서 인용하자면 이런 것도 있다.

나는 기밀사항을 언론에 브리핑하고,

당신은 기밀을 누설하고,

그는 공무상 비밀누설죄를 저지른다.

이런 사례들을 통해 내가 말하고자 하는 요점은, 지금 관심 대상인 인물에 대해 내가 어떻게 느끼는가에 따라 그의 행동을 다르게 판단하게 된다는 것이다. 즉, 이 세상에서 살아가는 우리의 판단은 편견과 편파성으로 가득하다. 가령, 나 자신에게 적용할 때는 변명으로 일관하고, 내가 좋아하는 사람과 관련될 경우에는 비판을 최소한으로 축소시키는 어떤 동일한 사안에 대해, 내가 싫어하는 사람에게는 무조건 정죄하는 식으로 적용하는 것이다.

흔히 올드 베일리(Old Bailey)라고 불리는 영국 런던의 중앙형사재판소 건물 꼭대기에는 '정의의 여신상'이 세워져 있다. 한 손에는 칼을 들고 다른 한 손에는 저울을 든 정의의 여신은 편파적이지 않은 공정성을 상징하기 위해 눈가리개를 하고 있다. 그럼에도 불구하고 우리는 인간의 모든 사법 체계가 특정한 사람들에게 상대적으로 더 호의적인 경향이 있다는 사실을 인정하지 않을 수 없다. 어떤 사람들은 돈이 너무 많다보니, 충분한 자원과 영향력을 갖춘 변호인단 또는 법무팀을 선임할 수 있고, 장기간에 걸친 소송도 감당할 수 있다. 그들은 사건과 법 절차의 허점을 샅샅이 찾아내고, 재판을 지지부진하게 소모적으로 끌고가더라도, 결국은 원하는 바를 얻어낼 수 있다. 그러나 국선 변호인 등 국가의 법적 지원에만 의존하는 일부 서민들은 때로는 자신의 권리조차 보호받기가 힘들다. 물론 항상 그런 것은 아니겠지만, 구약 시대의 부조리한 현실이 오늘날에도 별로 다르지 않게 재현되는 경우가 종종 있다는 것이다. 과부와 고아들, 스스로는 자원이 없고 권리를 빼앗긴 힘없는 사람들은 지금도 정의구현을 바라며 힘겨운 싸움을 벌이고 있다. 어쩌면 우리가 억울함을 호소하는 그들 중 하나일지도 모르겠다.

하나님이 주시는 위로와 확신

하나님께서 죄악을 차마 못 보신다는 사실이 우리에게 기쁜 소식이 되는 이유가 바로 여기에 있다. 하나님은 도덕적으로 완전하시며 언제나 공의 실현에 전적으로 헌신하시기 때문이다. "오직 정의를 물같이, 공의를 마르지 않는 강같이 흐르게 할지어다"(암 5:24). 우리가 망가진 세상에 살면서 겪는 가장 큰 고난 중 하나는, 권한이 없고 소외

받는 이들에게 정의가 실현되지 않는 경우가 많다는 데 있다. 하지만 끝까지 그렇게 되지는 않을 것이다. 어떤 종류의 불의나 죄악도 차마 못 보실 만큼 거룩하신 하나님은 이 망가진 세상이 바로잡히기를 간절히 바라는 사람들에게 큰 위로와 확신이 되어주신다. 시인 헨리 워즈워스 롱펠로우(Henry Wadsworth Longfellow)는 이렇게 표현했다.

> 하나님의 맷돌은 천천히 돌아가지만,
> 아주 곱게 갈린다
> 그분은 오래 참으며 기다리시지만,
> 모든 것을 확실하게 갈아내신다.[18]

이 진리는 우리가 불의와 부당함으로 인한 피해자가 될 때 큰 위안이 된다. 하나님이 아시고 하나님이 돌보신다. 하나님의 판단은 공평하시고 불의에 치우치지 아니하신다. 하나님은 정의를 원하시고 반드시 정의를 실행하실 것이다. 그러므로 혹시 뜬 눈으로 침상에 누워 지금 일어나는 답답하고 억울한 일에 괴로워한다 할지라도 낙심하지 말라. '나는 별볼일 없는 사람이야'라는 거짓말을 믿지 말라. 혹은 '나에게 일어난 일에 아무도 신경쓰지 않아.' 혹은 '나는 무가치한 사람이라 대우를 받을 자격이 없어'라는 거짓말을 믿어서도 안 된다. 하나님은 우리에게 일어난 일에 큰 관심을 기울이시고, 공의가 실현되길

---

18   "Retribution", *Poetic Aphorisms*, 1846; 롱펠로우는 이전 저자들의 작품을 번역했다.

항상 기대하신다. 설령, 이 땅에서 사는 동안 정의가 실현될 가능성이 낮더라도, 밤새 뒤척일 필요가 없다. 절망하며 복수심에 몸부림칠 필요도 없다. 공의로운 재판장께서 결국 정의를 구현하실 것이다. 하나님의 때에 가장 완벽한 정의가 이루어질 것이다.

 아직 부당함의 피해자가 되어 본 경험이 없다면, 지금까지의 이야기는 우리가 실천해야 할 하나의 도전이 되어야 한다. 정말로 하나님이 공의로우심을 믿고 따르겠다면, 우리 삶의 영역에서 공의 실현을 위해 어떤 방식으로든 책임감을 가져야 한다. 특히 권력에 가로막혀 정의를 요구하는 목소리조차 내지 못하는 사람들이 있다면, 그들 편에 서기 위해 힘써야 한다. 공의로우신 하나님의 자녀인 우리가 이 땅에서 자행되는 불의와 악에 눈을 감는다면, 죄악을 차마 못 보시는 하나님을 믿고 있다고 말할 수 없을 것이다.

 하지만 이와 동시에, 공의 실현에 특별히 관심을 기울이시는 하나님이 계시기에, 우리는 불의가 만연한 이 세상에서도 평안 가운데 살아갈 수 있다. 차마 죄악을 눈 뜨고 보지 못하시는 거룩하신 하나님이 결코 그냥 놔두지 않으실 것이기 때문이다. 언제가 하나님은 이 땅의 모든 잘못을 바로잡으실 것이며, 거꾸로 뒤집힌 세상을 옳게 세우실 것이다. 이제 우리는 이야기의 결말을 다 알게 되었다. 그러므로 우리는 숙면을 취할 수 있을 뿐 아니라, 한결 가벼워진 마음으로 잠에서 깨어 이 땅의 공의 실현을 위한 새로운 하루를 시작할 수 있다.

/////////////// **은혜의 선택 3: 육신이 되신 하나님** ///////////////

때로는 단 몇 개의 단어가 수백 권의 책보다 더 많은 의미를 전달한다. "미스터 고르바초프, 이 장벽을 허물어뜨리시오." 이 짧은 문장이 그렇다. 도널드 레이건 대통령의 이 발언은 냉전의 종식이 단지 가능할 뿐 아니라 현실로 가까이 왔음을 알리는 첫 순간을 절묘하게 포착했다. 복잡다단한 국제 관계에서 역사상 가장 급진적인 변화를 불러일으키는 데 크게 일조한 발언이기도 하다.[19]

하지만 내가 보기에 9개의 단어(헬라어)로 이루어진 요한복음 1:14이야말로 그 어느 것보다 놀라운 표현일 것이다. "말씀이 육신이 되어 우리 가운데 거하시매"(요 1:14).

열 개가 채 안 되는 단어들로 이루어진 이 문장에 정말이지 크고 위대한 우주적 의미가 담겨 있다. 우주 만물을 말씀으로 지으신 창조주 하나님께서 친히 피조물과 같은 육신이 되셨기 때문이다. 이미 광야에서도 하나님은 성막을 통하여 자기 백성들과 함께 하셨고, 이후 예루살렘 성전을 통하여 그들과 함께 하신 바 있다. 그러나 이제는 완전히 새로운 방식으로 자기 백성 가운데 거하기 위해 내려오셨다.

---

19 "미스터 고르바초프, 이 장벽을 허물어뜨리시오"라는 표현은 1987년 6월 12일, 로널드 레이건 미국 대통령이 서베를린을 방문하여 행한 연설 중 일부이다. 이 날에 레이건 대통령은 구소련의 미하일 고르바초프 대통령에게, 1961년 이래 독일을 동독과 서독으로 분리시켰던 베를린 장벽을 개방할 것을 촉구했다. 역사가들은 이 날의 연설이 실제로 얼마나 많은 변화를 일으켰는지에 대해 회의적인 시각을 보내곤 한다. 그럼에도 불구하고, 레이건 대통령이 베를린 현장에서 이 같은 발언을 했다는 사실과, 실제로 베를린 장벽이 곧 무너졌다는 사실만으로도 서구와 동구권 세계의 복잡다단한 관계에서 일어난 거대한 변화의 상징이 되었다는 점은 결코 부인할 수 없다.

우리 중 한 사람이 되신 것이다. 하나님은 육신을 갖지 않으시며 눈에 보이지 않으신다. 그런데 갑작스럽게도 그 하나님께서 사람의 눈에 보이고 만져질 수 있게 된 것이다. 사도 요한이 초대 교회 성도들에게 편지하면서, 이전에 예수님과 함께 했던 경험을 설명하기 위해 사용한 표현도 그와 같았다. "태초부터 있는 생명의 말씀에 관하여는 우리가 들은 바요 눈으로 본 바요 자세히 보고 우리의 손으로 만진 바라"(요일 1:1).

앞의 4장에서 우리는 디모데에게 보낸 바울의 첫 번째 편지가 하나님의 선하심에 대한 경이로움 가득한 두 기도문에 의해 에워싸여 있는 구조를 잠시 살펴보았다. 두 기도문 모두 유사한 특징을 보이면서 하나님의 불가시성을 강조했다. 그 앞뒤에 놓인 북엔드 사이, 편지의 한가운데 본문에서, 바울은 자신의 대리인으로 디모데를 파송했던 에베소의 교회를 향한 큰 관심을 드러내고 있다.

내가 속히 네게 가기를 바라나 이것을 네게 쓰는 것은 만일 내가 지체하면 너로 하여금 하나님의 집에서 어떻게 행하여야 할지를 알게 하려 함이니 이 집은 살아 계신 하나님의 교회요 진리의 기둥과 터니라 '크도다 경건의 비밀'이여, 그렇지 않다 하는 이 없도다 '그는 육신으로 나타난 바 되시고' 영으로 의롭다 하심을 받으시고 천사들에게 보이시고 만국에서 전파되시고 세상에서 믿은 바 되시고 영광 가운데서 올려지셨느니라(딤전 3:14-16).

바울은 교회를 가리켜 '하나님의 집'이라고 말한다. 이 세상에서 하나님의 진리를 드러내는 귀한 역할을 맡은 교회를 향한 비전은 우리에게 가슴 벅찬 진리로 다가온다. 그러나 내가 여기서 주목하고 싶은 부분은 바울이 복음의 '비밀'에 대해 언급하는 대목이다. "그는 육신으로 나타난 바 되셨다."

보이지 아니하시는 하나님에 대한 경배와 찬양의 외침으로 에워싸인 편지의 중심에서 바울은 한 가지 놀라운 (너무나 놀라운 기적임에도 불구하고 너무나 익숙해진 탓에 더 이상 아무런 감흥을 주지 못했던) 사실을 진술하고 있다. 즉 사람의 눈에 보이지 아니하시는 불가시적인 하나님께서 나타나셨다. 우리에게 찾아와 그 모습을 드러내셨다. 사람들은 그분을 두 눈으로 보았다. 상상할 수 없을 정도로 크고 위대하신 하나님, 인간의 눈으로 바라보는 게 불가능했던 창조주 하나님께서 자신을 우리 눈에 드러나 보이게 하셨다. 불의한 우리는 도무지 상상할 수 없는 완전한 공의의 하나님, 우리의 죄악을 조금이라도 차마 못 보시는 거룩한 하나님께서 엉망진창인 우리 인생들 속으로 친히 들어와 함께 이 땅을 걸어가셨던 것이다.

하나님께서 왜 그렇게 하셨는가? 바울은 편지의 서두에서 이미 그 이유를 밝히고 있다. 그것은 가슴 뜨겁게 불타오르는 경배와 찬양과 기도에 불을 붙이는 연료와 같다. "미쁘다 모든 사람이 받을 만한 이 말이여 '그리스도 예수께서 죄인을 구원하시려고 세상에 임하셨다' 하였도다"(딤전 1:15). 범접하지 못할 빛 가운데 거하시는 하나님,

어떤 사람도 보지 못하였고 또한 볼 수도 없는 영원한 존귀와 영광의 하나님께서 이제는 다가갈 수 있게 되셨고 눈으로 볼 수 있게 되셨다. 그렇게 하신 이유는 하나님으로부터 단절된 우리, 하나님 없이는 도저히 안식할 수 없는 우리를 구원하사 우리를 '그분의 집'으로 데려오시기 위함이다.

그래도 충분하지 않다는 듯이, 이번에도 보이지 아니하시는 하나님을 찬양하는 문장 속에서, 바울은 또 한 차례 "나타나심"이란 표현을 써서 편지를 마치고 있다.

> 우리 주 예수 그리스도께서 나타나실 때까지 흠도 없고 책망 받을 것도 없이 이 명령을 지키라 기약이 이르면 하나님이 그의 '나타나심'을 보이시리니 하나님은 복되시고 유일하신 주권자이시며 만왕의 왕이시며 만주의 주시요 오직 그에게만 죽지 아니함이 있고 가까이 가지 못할 빛에 거하시고 어떤 사람도 보지 못하였고 또 볼 수 없는 이시니 그에게 존귀와 영원한 권능을 돌릴지어다 아멘(딤전 6:14-16).

따라서 디모데전서의 전체 메시지, 오류를 범한 에베소 교회를 제자리로 돌려놓기 위한 바울의 이 전략적 편지는 보이지 아니하시는 하나님의 두 '나타나심'을 중심으로 짜여 있다. 예수 그리스도는 죄인을 구원하시려고 세상에 임하셨다. 예수 그리스도는 다시 임하실 것이다. 그때 그분의 나타나심은 만물의 마지막, 만물의 새로운 시작을

고하게 될 것이다.

그리스도의 이러한 나타나심, 그 두 차례의 강림은 편지 전체를 감싸고 있을 뿐 아니라, 그것은 우리가 살고 있는 이 시대의 시작과 끝을 북엔드처럼 에워싸고 있다. 그리스도의 초림과 재림은 우리가 일직선을 그을 수 있는 역사 속 두 개의 고정점과도 같다. 그것은 우리 삶의 의미와 우리가 하나님의 가족으로 이 땅을 살아가는 방식에 대한 이해를 제공할 것이다. 그리스도인으로서 이 땅을 살아가는 것 자체가 무척 힘든 일이다. 때로는 우리 눈에 보이지 아니하시는 하나님이 우리의 삶에서마저 부재하신 것처럼 느껴질 수도 있다. 특히 앞에서 다룬 것처럼, 우리가 이 땅에서 죄악과 불의로 고난을 당할 때 더욱 피부로 다가올 것이다.

요한계시록 6장의 순교자들처럼, 이 땅에서 고난을 당하는 그리스도인들은, "주여, 어느 때까지입니까?"(계 6:10) 하고 탄식할지도 모른다. 하지만 우리 눈에 보이는 것으로가 아닌, 오직 믿음으로 살아가는 삶의 모든 순간들은 힘들고 버겁기 마련이다. 이 땅의 부귀영화에 뜻을 두지 않고 하나님 나라를 구하며 살아가는 것은 무척 어려운 일이다. 그래서 바울은 우리에게 재차 확신을 주려고 하는 것이다. 예수 그리스도께서 우리의 역사 속에 이미 한 차례, 아주 생생하게, 아주 확실한 실체를 가지고, 지금 우리 앞에 있는 어떤 실제 사물과 다름없이, 정말 진짜로, 나타나셨다. 그런 역사적 사실은 그리스도께서 또 한번, 아주 생생하게, 아주 확실한 실체로, 우리 앞에 나타나실 것을 확실하게 보증한다. 실제로 우리는 그리스도의 두 차례의 나타나심을 연결하는 일직선상에서, 그 두 강림 사이의 어느 한 지점에서 살고 있다. 예수 그리스도는 다시 오실 것이다.

그날을 고대하면서, 우리는 하나님이 어떤 분이신지에 대한 믿음의 확신 가운데 인내할 수 있다. 예수 그리스도의 나타나심 이면에는 헤아릴 수 없는 하나님의 선하심과 놀라운 은혜의 신비가 있다. 예수 그리스도 안에서 하나님은 비좁고 어두운 은신처에 숨어 있던 우리를 찾아오시고 만나주실 수 있을 만큼 충분히 작아지셨다. 그리하여 우리로서는 감히 다가갈 수 없었던 그 영광의 빛으로 우리를 인도해 내셨다.

6. 하나님은 변하실 수 없다

지금까지 누군가와 논쟁하다가 상대에게 들었던 가장 나를 풀죽게 만든 말은, "당신은 정말 바뀌지 않을 사람이에요"였다. 그런 말들은 주변의 공기를 차갑게 만드는 힘이 있다. '언젠가는 달라질 것'에 대한 믿음을 버리게 되면, 이 세상은 암울한 곳으로 느껴질 수 있다. 3부작으로 이루어진 단테(Dante)의 〈신곡〉(The Divine Comedy) 중 첫 번째인 '지옥편'(Inferno)에서 단테는 한 관문을 통해 지옥을 지나는 장면을 묘사하는데, 그 문 입구에는 이런 글귀가 새겨져 있다. "여기로 들어오는 자, 모든 희망을 버려라."[20] 인간이 경험하는 두려움과 절망의 핵심을 이보다 더 잘 포착할 수 있을까? 우리의 삶이 언젠가는 변할 것이라는 가능성에 대한 믿음이야말로 지금의 고통을 견뎌낼 수 있게 만드는 유일한 동아줄이 되곤 한다.

2008년 미국 대통령선거 당시 버락 오바마(Barack Obama)의 대선 홍보 포스터는 큰 반향을 일으켰다. 예술가 셰퍼드 페어리(Shepard Fairey)가 디자인한 포스터에는 오바마의 얼굴과 상반신, 그리고 '희망'(hope)이라는 한 단어가 상징적으로 표현되었다. 그 포스터는 앞으로 변화가 일어날 것이라는 역동적인 메시지를 전하고 있었다. 버락 오바마를 대통령으로 선택한다면 그가 유권자의 삶에 긍정적인 변화를 가져다줄 것이라는 희망이 담긴 약속이었던 것이다.

'변화'라는 것은 우리 삶에 매우 중요한 부분이다. '하나님은 변하실 수 없다'라는 단정적인 진술을 가만히 생각해 보면, 참으로 위대하신 하나님에게는 그다지 적절한 표현이 아닌 것처럼 보인다. 우리 대부분은 변화를 항상 긍정적인 것으로 보고 있지 않은가? 나는 가끔 어디선가 다음과 같은 도표를 마주할 때가 있다. 이런 것들이 전달하려는 바는 명확하다. 현재 삶에서 만족하지 못하는 것이 있을 때 해결책은 '변화'라는 것이다.

앞의 3장에서 우리는 하나님께서 마음을 바꾸지 않으신다는 사

---

20 Dante Alighieri, *The Divine Comedy*, trans. Robin Kirkpatrick (Penguin Classics, 2012, Kindle Edition), p 12.

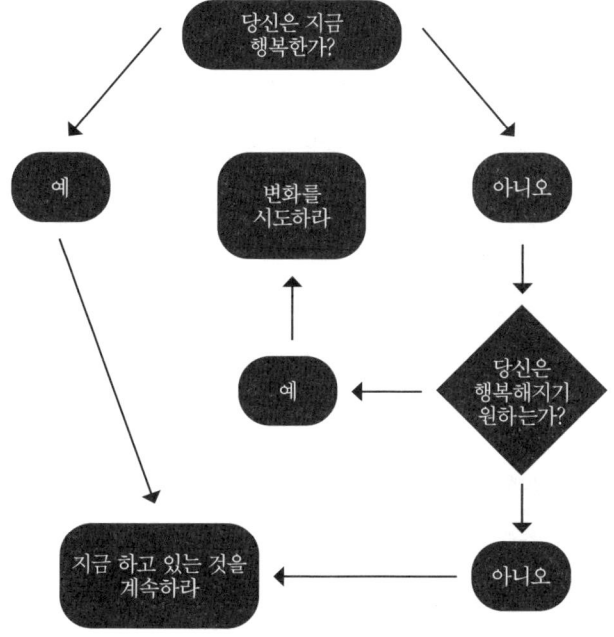

실에 대해 이미 살펴본 바 있다. 이번 장에서 우리가 관심을 두는 주제가 3장과 유사한 것 같지만 미묘하고 중대한 차이가 있다. 여기서는 단지 하나님의 뜻과 그분의 말씀에 대해서가 아니라 하나님이라는 존재와 그분의 본성 자체에 대해 생각해 보려는 것이다. 때로는 우리가 변할 수 있다는 사실 자체가 긍정적인 부분이 될 수 있다. 그런데 하나님의 경우는 어떤가? 가만히 생각해 보면, 오히려 하나님은 절대로 변하실 수 없는 분이라는 사실이 우리에게 정말로 다행임을 깨닫게 된다. 예를 들면, 요한일서 4:8에서 우리는 "하나님은 사랑이시라"는 말씀을 읽는다. 그런데 하나님께서 변할 수 있는 분이라면 어떻게 되는가? 만약 하나님이 변할 수 있고 '달라질 수 있는 존재'라면, 하나님은 어떻게든 혹은 어느 정도로는 분명 '사랑이 아니신 존재'가 되는 것이다. 이것은 우리에게 꽤나 절망적이고 부정적인 결론처럼 느껴질 수밖에 없다.

그러나 걱정할 필요 없다. 이 장의 요지는 하나님은 절대로 변하실 수 없다는 진리를 확인하는 데 있다. 이 책의 머리말에서 우리는 하나님의 자기 계시, "스스로 있는 자"('I am who I am' 출 3:14)에 대해 고찰해 보았다. 그 이름에 담긴 의미는 이렇다. 즉, 하나님에 관한 모든 진리는 참으로 하나님에 대한 (모자람이나 변화의 가능성이 없는) 완전한 진리이며 반드시 그래야 한다는 것이다. 하나님은 하나님이시다. 하나님에 대한 진리에는 더할 것도 뺄 것도 없다. 변할 수 있는 것도 변해야 하는 것도 없다. 그분은 자존하시는 창조주 하나님으로서, 다른 누구에 의해서가 아니라, 오직 하나님 자신에 의해 완벽하게 규정되시는 존재다.

사실 우리가 지금까지 읽고 묵상한 내용만 다시 보더라도, 하나님께서 변하실 가능성은 전혀 없어 보이는 게 사실이다. 하나님께서 굳이 그러실 이유도 없다. 여기서 우리는 변화를 불러일으키는 것, 즉 변화의 외부적 요인과 내부적 요인을 구분해 잠시 살펴보고자 한다.

변화를 일으키는 요인들

외부적 요인들이 우리에게 변화를 일으키게 하는 방식에 대해, 우리는 이미 경험적으로 알고 있다. 예를 들어보자. 때는 청년 시절, 어느 11월의 비 내리는 토요일이었다. 나의 의지와 상관없이 나의 코는 급작스런 변화를 겪어야만 했다. 당시 럭비 경기 중에 상대 팀 선수의 단단한 어깨가 내 코에 변화의 원인을 제공했다. 도저히 감당할 수 없는 막강한 힘이 내 코를 중심으로 가해졌고 내 얼굴에 영구적인 '새로운 질서'를 부여했다. 나는 무력했고 그 가공할 힘을 얼굴로는 흡수할 길이 없었다.

나에게는 그런 외적인 변화 외에 또 다른 종류의 변화가 있었는데, 이 또한 외부로부터 촉발된 것이기는 했다. 더 먼 과거, 내가 청소년이던 시절에 있었던 일이다. 제프(Geoff)라는 이름의 소방관이 데번(Devon)의 어느 학교 교실에서 특별 수업에 참석한 우리에게 이야기했다. 제프 아저씨는 우리 모두가 건널 수 없는 깊은 영적 구렁텅이의 한쪽 편에 서 있다고 말하면서, 칠판에 그림을 그리고는 우리가 서 있는 그 자리에 "죄"라는 단어를 크게 써넣었다. 그러면서 하나님과 사람 사이의 이 거대하게 갈라진 틈 사이를 우리 스스로의 능력으로는 도저히 건널 수 없다고 했다. 그런데 그 갈라진 틈, 영적 구렁텅이 위로 건너갈 수 있는 다리(bridge)를 그려 넣는 순간 내 안에서 어떤 변화가 느껴졌다. 그 다리는 십자가 모양을 하고 있었고, 예수님이 우리를 위해 십자가에서 죽으셨기 때문에 우리는 구렁텅이 너머 하나님께로 나아갈 수 있다는 설명이었다.

　사실 그 전부터 나는 교회를 다니고 있었다. 우리 가족 모두가 그리스도인이었기에 어릴 때부터 종교적인 분위기에 익숙했다. 하지만 믿음은 조금 다른 문제였다. 내 안에서 아무리 '그것'을 찾으려 해도 개인적으로 뭔가가 다가오지 않았다. 주변 사람들은 모두 신앙에 진지한 것 같은데 나 혼자 데면데면해서 마치 외부인으로서 내부를 들여다보는 것 같은 이질감이 있었다. 가령, 예수님이 태어나셨다는 첫 성탄절에, 홀연히 나타나 "온 백성에게 미칠 큰 기쁨의 좋은 소식"을 전했다는 천사들의 출현 장면은 다소 뜬금없었다. 너무 부풀려 말하는 것 같기도 했다. 매년 고난주간마다 예수님의 십자가 죽음 설교는 고대의 끔찍한 처형 장면으로 여겨졌고 곧 이은 부활절은 (그 전에 여러 기적을 행하시던) 예수님 생애를 미뤄볼 때 다소 빈약한 해피앤딩처럼 느껴졌다.

　그런데 그날 교실에서 제프 아저씨의 이야기를 들으면서, 오랫동안 모호했던 모든 것이 갑자기 분명해졌던 것이다. 예수님의 십자가는 단순한 비극적 사건이 아니었고 오히려 놀라운 승리였음을 깨달았다. 예수님이 죽으심으로 내가 살 수 있게 되었다. 한순간에 복음에 대한 이해와 체험이 내 안에 들어와 박혔다. 이질적으로 느껴졌던 기독교 신앙이 마침내 납득이 된 것이다. 나는 '나의 의지로' 내 안에 근본적인 변화를 일으키기로 결심했고, 그날 영접기도라는 경험을 통해 내가 더 이상 외부인이 아니라 내부인이라는 확신을 갖게 되었다.

제프 아저씨가 들려준 이야기 속 예수가 나의 구주 예수님이 되신 것이다. 예수님은 나를 위해 죽으셨다. 나는 이제 예수 그리스도 안에서 창조주 하나님과 새로운 관계를 누리고 있다.

그것은 나에게 일어난 실질적인 변화였다. 그것은 어떤 물리적 힘이나 충돌에 의해서가 아니라, 내 안의 깨달음과 이해를 통해 일어났다(물론 이 모든 것은 성령님이 행하신 일이다). 내가 새로운 방식으로 복음에 대한 정보를 보고 듣던 그 순간, 나의 생각과 마음은 극적인 변화를 일으켰다.

'변화'는 나의 '의지와 상관없이', 외부의 힘이나 충돌에 의해 일어날 수 있다. 그러나 때로 '변화'는 새로운 정보나 사상의 유입을 통해 나 '스스로의 의지에 따라' 일어날 수도 있다. 그 중에서도 그리스도인이 된다는 것은 정말 놀라운 변화의 경험이 아닐 수 없다. 그것은 오직 성령의 일하심이 있을 때에만 가능한 일이기 때문이다. 그렇기에 그리스도인이 된다는 것은 경이로운 변화라고 할 수 있다.

그렇다면 하나님은 어떠신가? 우리의 경험과는 완전히 다르다.

이미 언급했듯이, 영원 전부터 자존하시는 창조주 하나님께는 필적할 만한 상대가 아무도 없다. 하나님 자신을 제외하면 그분께서 친히 창조하시지 않은 존재는 하나도 없다는 것이다. 그렇기 때문에 하나님보다 우월한 존재는 당연히 없을 뿐더러, 하나님의 권능과 조금이나마 비교가 될 만한 힘을 가진 존재도 전혀 없다. 만약 하나님에게 우리처럼 코가 있다고 치자. 어느 누구도 하나님의 의지와 상관없이 그분의 코를 변형시킬 수 없다는 것이다. 하나님은 그 어떤 외부 요인에 의해서도 강제로 변화를 겪으실 수 없는 막강한 존재시다.

우리가 또한 기억해야 할 사실은 새로운 정보나 지식 때문에 하나님이 바뀌실 가능성도 없다는 것이다. 우리는 하나님께서 자신의 마음과 생각을 바꾸실 수 없다는 사실에 대해 이미 확인한 바 있다. 하나님의 계획과 뜻에 변화를 가져올 새로운 지식이나 정보란 존재하지 않기 때문이다.

그렇다면 내부로부터의 변화 가능성은 어떠한가? 하나님은 어떤 '내적' 요인으로도 전혀 변화하실 일이 없을까? 이후 8장('하나님은 고통을 겪으실 수 없다')에서 이에 대한 답변을 일부 살펴볼 것이다. 변화의 근본적인 동기는 나에게 뭔가 잘못되었음을 감지하는 것에 있다. 그런데 하나님의 경우에는 얘기가 달라진다. 하나님은 우리가 상상할 수 있는 모든 면에서 완전하신 분이라는 점에서 우리와는 본질적으로나 존재론적으로 엄청난 차이가 있다. 하나님은 우리와 다르시다. 하나님에게는 더 나은 상태로 진보하는 변화의 여지가 전혀 없다. 이미 완전하시기 때문이다. 만에 하나라도 하나님께 어떤 변화가 생긴다면, 그것은 오히려 완전함에서 멀어지는 퇴보를 의미할 것이다. 그러므로 하나님은 어떤 이유로도 변화를 택하지 않으신다. 만약 변화를 시도할 경우 그것은 부정적인 상태로의 가능성을 높이는 일이기 때문이다. 이미 모든 면에서 완전하신 하나님에게 변화는 더 나은 상태로의 진보가 아니다.

변해 가는 창조세계와 변하실 수 없는 하나님

그래서 어쩌란 말인가? 이런 말들은 아무 쓸모없는 신학적 한담이자 시간 낭비가 아닌가? 바쁜 우리가 뭣 하러 이런 질문에 시간과 에너지를 쏟고 고민해야 하는가?

성경이 하나님의 불변하심에 대해 선포하는 방식은 그 점에 대해 분명한 답변을 제공한다. 시편 102편의 예를 들어보자.

> 주께서 옛적에 땅의 기초를 놓으셨사오며 하늘도 주의 손으로 지으신 바니이다 천지는 없어지려니와 주는 영존하시겠고 그것들은 다 옷같이 낡으리니 의복 같이 바꾸시면 바뀌려니와 주는 한결같으시고 주의 연대는 무궁하리이다(시 102:25-27).

위 본문에서 시편 기자는 창조세계의 가장 오래되고 지속적인 요소인 "땅의 기초 …[그리고] 하늘"(25절)을 예로 들면서 이를 창조주 하나님과 비교한다. 하나님은 영원토록 영존하시지만, 창조세계는 그렇지 않다. 소위 자연계에서 가장 웅장하고 인상적인 곳이라고 할 수 있는 그랜드 캐니언조차 그 자체로 영원하지 않으며, 충분히 긴 시간의 척도로 놓고 보자면, 그것은 지금도 변화의 과정을 겪고 있다. 물론 그랜드 캐니언은 콜로라도 강에 의해 서서히 침식 과정을 겪고 있기 때문에 언젠가는 지금의 모습이 아닐 것이다. 심지어 해, 달, 별 같은 하늘의 어마어마한 천체도 결국 언젠가는 에너지를 다 쓰고 소멸하게 될 일시적인 발광체일 뿐이다. "그것들은 다 옷같이 낡으리니"(26절).

그러므로 우리를 둘러싼 창조세계 속 어떤 대상을 절대적으로 영원한 존재로 이해하는 것은 자연스럽지 못한 일이다. 그러나 하나님은 우리가 하나님 자신에 대해서만큼은 바로 그런 식으로 이해해야 한다고 말씀하신다. 하나님은 창조세계의 그 어떤 피조물과도 다르시다. 이 세상의 모든 것은 다 변하고 결국 예외 없이 낡아 없어질 것이나, "주는 한결같으시고 주의 연대는 무궁"할 것이기 때문이다.

이 사실을 알고 나면 우리는 창조주 하나님의 크고 위대하심에 경이와 두려움을 느끼지 않을 수 없다. 하나님은 위대하시다. 무한히 크고 광대하신 창조주, 영원무궁하신 하나님을 우리는 오직 믿음을 통해서만 알 수 있다. 하나님은 세상의 어떤 범주에도 속하지 아니하시므로, 하나님께서 우리에게 자신이 어떤 존재인지를 친히 계시해 주실 때만, 비로소 우리는 우리의 미약한 지성으로나마 하나님의 하나님 되심에 관하여 상상해 볼 수 있다. 이 사실은 우리가 이 책에서 반복적으로 되돌아가고 있는 교훈처럼 보인다. 더 이상 말해 뭐하겠는가? 우리가 하나님의 초월성, 그분의 지극히 높고 위대하심 앞에 엎드려 경배할 때 비로소 우리는 하나님을 아는 지식의 출발점에 서게 된다.

그런데 시편 기자는 하나님의 불변하심에 대해 묵상하면서 또 하나의 중요한 함의를 얻고 있다. 시편 기자는 이같이 결론 내린다. "주의 종들의 자손은 항상 안전히 거주하고 그의 후손은 주 앞에 굳게 서리이다"(시 102:28). 바로 여기에 우리 인생의 기반을 세울 수 있는 결코 무너지지 않는 굳건한 터가 있다. 영존하시며 항상 동일하신 우리 주 하나님께서 우리의 삶과 다음 세대 후손들의 삶을 안전하게 지탱해 주실 것이다. 날마다 변해 가는 불확실한 세상에서, 변하지 아니하시는 하나님을 알고 그분을 신뢰하는 것 자체가 우리 삶에 확고한 위로이자 축복이 아닐 수 없다.

이사야도 비슷한 맥락에서 말하고 있다. 앞서 첫 장에서 살펴보았던 본문 바로 앞 부분이다.

> 말하는 자의 소리여 이르되 외치라 대답하되 내가 무엇이라 외치리이까 하니 이르되 모든 육체는 풀이요 그의 모든 아름다움은 들의 꽃과 같으니 풀은 마르고 꽃이 시듦은 여호와의 기운이 그 위에 붊이라 이 백성은 실로 풀이로다 풀은 마르고 꽃은 시드나 우리 하나님의 말씀은 영원히 서리라 하라(사 40:6-8).

이번에는 영존하신 하나님의 무궁하심과 덧없는 인생의 허무함을 비교하고 있다. 사람은 기껏해야 "풀과 같다." 우리는 이 땅에서 신속하게 시들고 사라져 버린다. 우리 인생은 결국 아무런 약속도 이행하지 못한다. "그[인간]의 모든 아름다움[신실함]은 들의 꽃과 같으니"(6절). 그러나 하나님의 약속은 차원이 다르다. 결코 쇠하지 아니하시고 실패함이 없으신 하나님을 우리가 신뢰할 수 있는 것처럼, 우리는 하나님의 말씀 또한 그렇게 신뢰할 수 있다는 것이다. 하나님께서 그분의 말씀을 선포하실 때, 하나님의 입에서 발화된 말씀은 하나님처럼 변함이 없고 영원하다.

얇은 종이에 인쇄된 것이어서 그렇게 느껴지지 않겠지만, 성경은 영원히 지속될 우리의 유일한 소유물이다. 물론 종이로 된 물리적인 성경책을 말하는 것이 아니다. 예전에 우리 집 개는 내가 가장 아끼던 성경책을 잘근잘근 물어뜯어 먹어버린 적도 있다. 하지만 성경책에 담긴 하나님의 말씀을 읽을 때 우리는 다른 어떤 것과도 비교되지 않는 방식으로 영원한 세계와 접속하는 경험을 하게 된다. 심지어 자연의 법도 하나님의 법과 비교하면 가변적이다. 자연의 법칙은 변화무쌍한 현실의 특성을 반영한 것이기 때문이다. 우리로서는 완전히 이해할 수도 없고 말로 설명하기도 무척 어렵지만, 하나님께서 자기 백성에게 주신 놀라운 성경 말씀 속에서, 우리는 지금까지 인류 문명이 이룩한 그 어떤 것보다 훨씬 더 오래 지속될 뭔가 매우 특별한 실체와 마주하게 된다. 성경책의 원재료인 나무를 아름드리로 자라게 만든 태양이야말로 우리의 관점에서 보면 정말 영속적이라 할 수 있겠지만, 하나님의 말씀은 그 태양조차 비교 대상이 되지 않을 만큼 영원하다.

그런 점에서 이번 기회에 성경을 읽고 묵상하고 공부하는 것에 대한 우리의 태도가 새로워지길 바란다. 제법 신앙생활을 한 그리스도인이라면, 하나님의 말씀을 읽어야 한다는 부담감이 있을 것이다. 겉으로는 내색하지 않지만, 성경에 대한 우리의 열정과 관심이 예전만 못할 수도 있다. 하지만 잊지 말아야 할 것이 있다. 우리가 살아가는 이 세상은 항상 불확실하고 불안정하고 덧없지만, 하나님께서는 이 땅을 살아가는 우리에게 불변의 진리, 우리를 붙잡아주고 삶의 의미를 더해 줄 영원한 지혜를 성경을 통해 제공해 주신다는 점이다. 인류의 모든 역사와 문명은 흥망성쇠하기 마련이다. 그러나 하나님의 말씀은 영원토록 견고하며 불변하다. "우리 하나님의 말씀은 영원히 서리라"(8절).

변하실 수 없는 하나님의 위로
성경의 저자이신 하나님이 우리에게 주고자 하시는 중요한 메시지가 여기 있다. 그것은 오직 하나님의 영원한 말씀과 하나님의 영원불변하심만이 항상 요동치는 불안한 세상을 살아가는 우리 인생에 안정적인 기초와 흔들리지 않는 터가 되어 준다는 것이다. 하나님은 말라기를 통해 우리에게 이같이 말씀하신다.

> 나 여호와는 변하지 아니하나니 '그러므로' 야곱의 자손들아 너희가 소멸되지 아니하느니라 만군의 여호와가 이르노라 너희 조상들의 날로부터 너희가 나의 규례를 떠나 지키지 아니하였도다 그런즉 내게로 돌아오라 그리하면 나도 너희에게로 돌아가리라 하였더니 너

희가 이르기를 우리가 어떻게 하여야 돌아가리이까 하는도다(말 3:6-7).

신실하신 주 하나님은 자기 백성들의 끝없는 변덕에도 불구하고, 계속 참으시며 다시금 그들을 부르신다. 6절의 "그러므로"는 너무나 소중한 표현이다. 하나님은 결코 변하지 아니하신다. "그러므로"—즉, '바로 그 이유 때문에'—야곱의 자손들은 소멸되지 않는다. 하나님의 백성들은 결코 망하지 않는다! 하나님의 약속은 절대로 땅에 그냥 떨어지는 법이 없다. 하나님의 모든 약속은 반드시 실현되며 반드시 열매를 맺을 것이다.

혹시 지금 이 책을 읽는 동안에도 자신이 하나님으로부터 멀어져 있다고 느끼고 있을지 모르겠다. 나도 그런 느낌을 잘 안다! 나도 그랬지만, 그런 사실을 깨닫는 순간 우울함과 비참함을 느낄 수도 있다. 지금까지 붙잡고 있던 믿음을 손에서 놓치게 되지는 않을까 두려울 수 있고, 혹은 이미 놓치고 말았다는 절망감을 느끼고 있을지도 모르겠다. 하지만 안심하라. 우리의 구원은 그런 식으로 작용하지 않는다. 시편 73편에서 아삽이란 인물 역시 우리와 크게 다르지 않은 상황에 놓였었다. 낙담하고 의심하며 심지어 포기하고 싶었으며 그 심정을 시에 고스란히 표현했다. "내 육체와 마음은 쇠약하나 하나님은 내 마음의 반석이시요 영원한 분깃이시라"(시 73:26). 그의 결론은 하나님의 영원하심에 가닿고 있다. 우리의 영원한 안전은 우리 자신에게 있지 않다. 그것은 우리의 능력이나 경건으로 하나님과의 친밀함을 유지할 수 있느냐의 여부에 달려 있지도 않다. 그것은 오직 자신의 약속을 반드시 지키시는 하나님의 신실하심에 있다. 어제도 혹시 방황하고 있었는가? 오늘 하나님과의 관계가 소원해졌다고 느끼는가? 하나님의 말씀은 언제나 유효하다. "내게로 돌아오라 그리하면 나도 너희에게로 돌아가리라"(말 3:7). 하나님은 우리를 버리지 아니하신다!

이와 관련하여 하나님의 불변하시는 속성에 대해 이야기하는 본문을 한번만 더 찾아보려고 한다. 이번에는 신약에 있는 본문이다.

> 내 사랑하는 형제들아 속지 말라 온갖 좋은 은사와 온전한 선물이 다 위로부터 빛들의 아버지께로부터 내려오나니 그는 변함도 없으시고 회전하는 그림자도 없으시니라 그가 그 피조물 중에 우리로 한 첫 열매가 되게 하시려고 자기의 뜻을 따라 진리의 말씀으로 우리를 낳으셨느니라(약 1:16-18).

여기서 또 한번 우리는 하나님을 창조세계 최고령 피조물인 천체와 비교하는 대목을 읽게 된다. 장구한 세월을 살아온 태양도 낮 동안에는 다양한 크기와 모양으로 달라지는 그림자를 드리우고, 별들은 밤 하늘을 맴도는 것처럼 보인다. 그러나 그 해와 별을 만드신 하나님은 그것들과 같지 않다. 결코 변함이 없으시단 의미다. 여기서 야고보가 말하고자 하는 요점은 우리에게 지금 무슨 일이 일어난다고 할지라도, 우리를 향한 하나님의 선하심을 결코 의심해서는 안 된다는 것이다. 온갖 고난과 박해에 직면해 있던 야고보서의 독자들은 하나님께서 그런 형편에 처한 자신들을 정말로 돌보시고 위하시는지 의문을 품고 있었다.

우리라고 해서 크게 다르지 않을 것이다. 망가진 이 세상에는 워낙에 힘들고 고통스러운 일들이 많다보니, 때론 '하나님께서 나를 별로 사랑하지 않는 것 같아'라는 생각이 들기도 한다. 우리는 인생이 잘 풀린다고 생각될 때면 '하나님이 정말 나를 기뻐하시는구나'라고 믿다가도, 인생이 다시 꼬이는 것 같고 뭔가 틀어지면, "하나님, 내가 또 무엇을 잘못했나요?"라며 부르짖곤 한다. 하나님이 정말로 나를 사랑하시는지 혹은 나를 싫어하시는지에 대한 우리의 판단은 우리가 처한 상황에 따라 끊임없이 오락가락한다.

하지만 야고보는 전혀 그런 것이 아니라고 말한다. 하나님은 우리처럼 변덕스럽고 변화무쌍한 분이 아니다. 우리를 향한 하나님의 사랑은 변함이 없으며 우리를 위한 하나님의 선하신 뜻과 영원한 계획은 확고부동하다. "그가 그 피조물 중에 우리로 한 첫 열매가 되게 하시려고 자기의 뜻을 따라 진리의 말씀으로 우리를 낳으셨느니라"(18절)라는 말씀은 바로 그런 의미를 담고 있다. 하나님은 분명한 목적과 특정한 결말을 염두에 두고서 우리를 부르셨다. 우리의 새로운 시작—거듭남—은 그 자체로 하나님께서 우리를 마지막까지 인도해 주실 것임을 상징적으로 가리키는 일종의 표지판과 같다. 하나님은 "피조물 중에 우리로 한 첫 열매"가 되게 하신다.

　개인적으로 나의 삶은 미완성 프로젝트로 가득하다. 어떤 식으로든 시작하기는 했지만 마무리를 온전히 이루지 못한 일들이 수두룩하다. 주짓수를 파란 띠까지는 둘렀지만 검은 띠는 따지 못했다. 마라톤 완주를 결심하고 연습을 시작했지만 아직 10킬로미터도 제대로 달리지 못했다. 트럼펫을 5급까지 마쳤지만 8급까지는 근처에도 못 갔다. 중학생 때 치아 교정을 하느라 트럼펫 교습을 중단해야만 했고, 그 후로는 다시 배우러 가지 않았던 것이다. 무엇인가를 시작하는 것이 뭔지는 조금 알겠는데, 그것을 끝까지 마무리하는 일은 또 다른 세계인 것 같다. 감사하게도 하나님은 그런 우리와는 완전히 다른 분이다. 하나님은 어떤 일을 시작하셨다가 중도에 그만두는 법이 없으시다. 하나님께서 한번 시작하신 일은 그분이 뜻하신 목표에 반드시 도달한다. 하나님의 백성과 관련된 그분의 모든 일도 마찬가지다. 하나님은 그림자처럼 변화무쌍한 가변적인 존재가 아니기 때문이다. "그는 변함도 없으시고 회전하는 그림자도 없으시니라." 불변하시는 하나님이 우리에게 얼마나 큰 위로와 소망이 되는가!

　헨리 프란시스 라이트(H. F. Lyte)의 위대한 찬송시, '때 저물어 날이 어두니'(찬송가 481장, 원제: '나와 함께 하여 주소서')의 가사 한 구절을 떠올리지 않을 수 없다. 이 시는 하나님의 불변하심이 우리에게 주는 위로를 아름답게 표현하고 있다.

내 주위의 모든 것이 다 변하고 쇠하여 가지만,
변하지 아니하시는 주여, 나와 함께 하여 주소서
(새찬송가. '이 천지만물 모두 변하나 변찮는 주여 함께 하소서')

변화와 우연으로 가득한 이 세상에서, 지친 하루의 커튼을 치고 침상에 드는 순간, 우리는 이 찬송의 글귀대로 기도할 수 있다. 그리고 이러한 간구가 반드시 응답될 것을 확신하는 가운데 오늘 우리는 주님과 함께 평안히 잠들 수 있다.

7. 하나님은 외로우실 수 없다

"모든 사람은 대륙의 한 조각이자 본토의 일부일 뿐이다. 누구도 그 자체로 '섬'이 아니다." 17세기 시인 존 던(John Donne)의 글이다. 우리 인간은 결코 완전히 독립적인 존재로 살아갈 수 없으며, 공동체에 속하거나 사회와 상호작용하며 살아가야 한다는 의미이다. 그 후로 약 400년이 지나서, 배우이자 코미디언인 로빈 윌리엄스(Robin Williams)는 이렇게 덧붙였다. "하지만 그 중에 일부는 '반도'이다." 섬이 될 수는 없다고 해도, 어떤 사람들은 스스로를 고립시켜 혼자 있고 싶어한다는 의미이다. 요약하자면, 우리 인간은 아무리 애를 쓴다고 하더라도 결코 완전히 독립적인 존재로 살아갈 수 없다. 우리는 관계를 맺고 살아가도록 만들어진 존재이기 때문이다.

이 사실은 우리 모두가 갓 태어난 순간부터 적용된다. 갓난아기는 단지 물리적인 돌봄만을 필요로 하지 않는다. 아기들이 건강한 인격체로 자라기 위해서는 사랑을 필요로 한다. 수 게르하르트(Sue Gerhardt)는 자신의 책, 『왜 사랑이 중요한가』(Why Love Matters)에서, 생후 첫 2년 동안 긍정적인 사회적 상호작용을 경험하지 못한 사람에게 어떤 일이 발생하는지에 대해 설명한다. 아기들의 사회적 관계 형성 여부가 그들의 정서적, 정신적 발달에 영향을 줄 수 있다는 보고는 더 이상 우리에게 놀라운 사실이 아니다. 여기서 주목할 것은 사회적 상호작용이 아이의 신체 발달에도 마찬가지로 영향을 준다는 사실이다. 거하트가 제시한 안타까운 자료 가운데 하나는 보육원에서 자란 루마니아 고아들의 사례였다. 그들은 안전하고 따뜻한 시설에서 필요한 영양분도 잘 섭취했지만 교류 없이 혼자 방치된 채 자랐다. 거하트는 이렇게 적고 있다. "하루 종일 간이침대에 갇혀 혼자 지내면서 아무런 관계를 맺지 못하고 어른과의 긴밀한 유대가 단절된 아이들에게는 안와전두피질이 있어야 할 곳에 실질적인 블랙홀이 생겼다."[21] 아이들의 뇌가 정상적으로 발달하지 못했던 것이다.

다른 사람 없이는 어떤 사람도 건강한 삶을 영위할 수 없다. 아니, 다른 사람 없이는 그 누구도 온전한 자기 자신이 될 수 없다. 우리 대부분은 먼저 한 개인으로서 자기 자신을 완성한 후 자기의 선택에 따

---

21 Sue Gerhardt, *Why Love Matters* (Brunner-Routledge, 2004), p 38.

라 관계를 형성해 간다고 생각하지만 실제로는 그렇지 않다. 관계 없이는 적어도 완전한 의미에서 '우리'(ourselves)란 존재하지 않는다. 즉, 단지 '우리에게는 관계라는 것이 있다'가 아니라, '우리에게는 관계가 필요하다.' 우리에게 관계는 우리의 일부이다. 그래서 삶에서 의미 있는 관계가 결핍될 때 우리는 외로움을 느낀다. 외로움은 우리 사회의 정말 심각하고 고질적인 문제 가운데 하나이다. 어쩌면 지금 우리에게도 가장 심각한 문제가 외로움일지 모른다.

자존하시는 하나님과 관계

이것은 하나님과 관련하여 몇 가지 흥미로운 질문을 제기하게 한다. 하나님에게도 관계가 필수적인 것일까? 표면적으로는 이 장의 제목, "하나님은 외로우실 수 없다"라는 진술만 놓고 보더라도 정답을 쉽게 짐작할 수 있다. 인간은 관계가 부족할 때 외로움을 겪는다. 관계라는 것이 우리 자신을 구성하는 근본 속성의 일부이기 때문이다. 그러나 '하나님은 외로우실 수 없다'는 진술은, 관계라는 것이 하나님에게는 다른 방식으로 작용한다는 것을 암시한다. 사실 결코 외로울 수 없는 신이 있다면, 그 신은 가까이 하기 싫을 만큼 차갑고 비관계적인 존재로 여겨질 수 있기 때문이다.

곧 확인하겠지만, 감사하게도 우리 하나님은 그런 신이 아니다. 하나님에게 외로움이 없다는 것은 창조세계에 의존하지 않으시는 하나님의 자존성에 대한 지극히 중대한 표현이다. 우리의 하나님은, 마치 자신에게 부족한 면을 보충하여 스스로를 완성시켜 가시는, 그러기 위해 자신이 만든 피조물에 의존하는 신이 아니다. 이 사실을 믿지 못한다면, 우리를 둘러싼 우주를 '신격화'하는 오류를 저지르게 될 것이다. 다른 말로 하면, 만일 자신이 창조한 세계 없이 하나님 스스로 완전한 하나님이 될 수 없다면, 어떤 면에서는 하나님에게 우주는 필수적인 존재가 된다. 그렇다면 우주는 어떤 면에서는 하나님과 대등한 위치에 놓이는 것이다. 이런 주장을 우리가 받아들인다면, 하나님의 자기 계시, "나는 스스로 있는 자니라"(출 3:14)와 모순되는 주장을 수용하는 것이 된다. 그러나 우리의 하나님은 결코 가변적인 창조세계에 예속되지 않는다. 앞에서도 다루었듯이, 하나님은 어떤 피조물을 아는 일에 있어서도 그 피조물 자체에 의존하지 않으신다. 이 우주에 존재하는 모든 피조물들은 하나님께서 미리 그것들을 아시지 않는 한 결코 존재할 수가 없다.

그런데 창조세계에 의존하지 않으시는 하나님의 독립성이 우리가 하나님에 관해 알고 있는 전부라면, 우리가 '하나님과 관계 맺기'에 대해 언급하는 게 무척 이상한 일이 되고 만다. 아리스토텔레스 같은 고대 철학자들은 우주의 이면에는 반드시 '제1원인'(first cause), 즉, 신(god)이 있어야 한다고 결론지었다. 그러면서도 그 신은 우리가 가까이 인식하기에는 너무 멀리 떨어져 있을 것으로 생각했다. 고대 기독교의 이단들은 대체로 이런 종류의 세계관에 영향을 받았음이 드러났다. 예수님의 신성을 부정했던 4세기의 아리우스주의가 나름 먹혔던 근거도, 신으로 주장되는 예수님이 피조물들과 접촉하셨고 그들과 친밀한 관계를 맺으셨기 때문이다. 그들에게 진정한 하나님이라면 당연히 피조물로부터 철저히 떨어져 있으면서, 완전히 독립적이어야만 했다. 그런 하나님이 자신이 만든 창조세계 속으로 개입하고 들어오실 수는 없다고 판단했기 때문이다.

마찬가지로, 이슬람 종교관에 의하면 이와 유사한 질문이 자연스럽게 제기될 수 있다. 그들이 생각하는 신 역시 고대 그리스 철학자들의 생각과 다르지 않기에, 신은 피조물에게서 멀리 떨어져 단독으로 존재해야만 한다. 그들에겐 피조물과 알라(Allah) 사이에 그 어떤 관계도 어울리지 않으며, 따라서 인간과의 친밀한 관계도 형성될 수가 없다. 인간에게 사랑은 불가피한 요소임이 틀림없지만, 만약 조물주가 창조 이전의 시간에도 이미 완전히 독립적이며 홀로 존재했다면, 그런 신에게는 사랑이 굳이 필요하지 않다는 논리도 주장할 수 있다.

그러므로 그런 신적 존재와 관계를 맺는다는 것은 결코 자연스러운 개념이 아니다. 사랑은 본질적으로 다른 누군가에게 자신에게 있는 무엇을 주는 것인 만큼, 또는 그 반대로 다른 누군가로부터 무엇을 받는 것인 만큼, 자신이 아닌 다른 어떤 것에도 의존하지 않는 신적 존재의 본성에 따르면 그와 같은 사랑이 가능할 수가 없다. 이런 의미에서 볼때, 만약 그런 신적 존재에게서 마치 사랑이 발현되는 것처럼 보인다 해도, 그것은 그저 '제스처'일 뿐 존재의 본성을 진정으로 드러내는 것은 아니다. 그렇다면 그런 존재를 '그것'이 아닌 '인격체'

로 간주하기가 어려워진다. 우리가 이해하는 바로는, 인격적인 존재만이 본질적으로 관계적인 존재이기 때문이다.

그런데 신약 성경에서 우리는 매우 충격적인 문장과 맞닥뜨리게 된다. "하나님은 사랑이시다"(요일 4:8). 이 말씀을 진지하게 받아들인다면, 인간과 마찬가지로 하나님께도 사랑이라는 관계성이 그분의 정체성에서 핵심이라는 결론을 내릴 수밖에 없다. 이것은 인간이 하나님의 형상으로 만들어졌다는 사실을 생각할 때 그리 놀라운 일은 아니지만, 엄격하게 유일신을 믿는 세계에서는 엄청난 파장을 일으키는 다이너마이트와 같다.

그렇다면 우리에게는 한 가지 아리송한 질문이 남는다. '우리의 하나님은 어떻게, 완전히 독립적이면서 동시에 그 중심은 완전히 관계적인 하나님이 되실 수 있는가?'

"하나님은 사랑이시다"라고 선포했던 사도 요한은 바로 그 신비를 가슴에 품고서 예수님의 생애에 대한 복음 기사를 써 내려갔다. 요한복음의 첫 장의 첫 구절―"태초에 말씀이 계시니라 이 말씀이 하나님과 함께 계셨으니 이 말씀은 곧 하나님이시니라"(요 1:1)―에서 마지막 장 마지막 구절에 이르기까지, 요한은 우리가 예수님에 관한 뭔가 매우 특별한 사실을 꼭 알게 되길 원했다. 요한은 그것을 이렇게 요약한다.

예수께서 제자들 앞에서 이 책에 기록되지 아니한 다른 표적도 많이 행하셨으나 오직 이것을 기록함은 너희로 "예수께서 하나님의 아들 그리스도이심을 믿게 하려 함이요" 또 너희로 믿고 그 이름을 힘입어 생명을 얻게 하려 함이니라(요 20:30-31).

요한은 우리가 단지 예수님의 신성을 믿는 것으로 끝나길 바란 것이 아니다. 예수님이 신적 존재이시고, 따라서 그분은 능히 우리의 구원자가 되시며, 경배를 받기에 합당한 분이라는 사실만 말하려 한 것이 아니다. 요한의 의도는 그 이상으로 중요한 사실에 초점이 맞춰져 있다. 요한은 예수님이 "하나님의 아들"이심을 우리가 믿기 원했다. 요한이 왜 그렇게 특정한 표현을 사용하고 있는가?

예수님은 완전한 하나님이시며, 또한 예수님이 하나님과의 완전하고 친밀한 관계 안에 계신다는 개념은 기독교 신앙에서 핵심이 되는 통찰이다. 기독교 신앙을 인류 역사에서 발생한 그 어떤 믿음 체계와도 철저히 구별되게 만드는 중요한 개념이기도 하다. 요한복음의 첫 구절을 다시 읽어보자. "이 말씀이 하나님과 함께 계셨으니 이 말씀은 곧 하나님이시니라." 이 한 문장에 온 세상을 흔드는 거대한 의미가 함축되어 있다.

예수님에 대한 이러한 진술을 통해, 요한은 구약 성경에서 계시된 하나님, 즉 '독립적이며 자존하시는 하나님'에 대한 이해를 견지하면서 동시에, 우리 '인간의 경험을 온전히 이해하시는 하나님'을 계시하고 있다. 우리와 마찬가지로, 하나님은 사랑 없이는 존재하실 수 없는 분이시다. 하지만 그 사랑은 결코 다른 어떤 존재에게 의존하는 방식이 아닌데, 하나님은 영원 전부터 이미 영원한 관계 안에서 존재하시기 때문이다. 하나님은 그분의 신성으로는 단 한순간도 홀로 존재하시는 경우가 없으며 결코 외로우실 수도 없다. 하나님은 삼위로 존재하시며 혼자가 아니시다. 하나님은 삼위일체 하나님이시다.

삼위일체를 통해 드러나는 하나님의 은혜
주 예수 그리스도의 생애와 죽음 그리고 부활과 승천을 통해 우리는 하나님이 어떠한 분이신지에 관한 일면, 숨 막힐 정도로 놀라운 그분의 신비를 엿볼 수 있다. 아버지와 아들과 성령으로 존재하시는 하나님, 그분은 깨질 수 없는 영원한 사랑의 관계 안에서 존재하시는 하나님이시다. 그런 하나님의 삼위일체 속성은 하나님과 나 자신 그리고 주변 세상을 바라보는 우리의 관점에도 중요한 영향을 미친다.

무엇보다도, 우리가 믿는 하나님은 단지 사랑하실 수 있는 하나님이실 뿐 아니라, 실제로 사랑을 행하심으로써 그분의 고유한 본성을 표출하시는 하나님이다. 하나님은 사랑이시다. 그리고 삼위일체로서 그 사랑을 충만하고 완전하게 표현하신다. 중세의 신학자, 생빅토르의 리샤르(Richard of St. Victor)는 성삼위로 존재하시는 하나님은 단지 두 위격이 서로 사랑하는 것만으로도 모자람이 없지만, 제 삼의 위격을 두 위격이 함께 사랑하심으로써 그 충만함을 드러내신다고 언급했다.[22] 이 세상은 유의미한 관계 없이는 살아갈 수도 없고 서로를 이해할 수도 없는 곳이다. 그런 이곳에 모든 것을 이해하실 뿐 아니라 모든 것의 궁극적인 의미가 되시는 하나님이 우리와 함께 계신다.

이것이 전부가 아니다. 그 사랑의 하나님은 혼자라는 고립감에 힘들어하는 우리에게 참되고 의미 있는 관계의 길을 열어주신다. 서로를 신뢰하고 신뢰 받을 수 있는 관계, 우리 내면의 가장 깊은 자리에서 치유와 회복을 일으키는 사랑의 관계를 열어주신다. 계속해서 요한복음의 서두는 이렇게 말한다. "영접하는 자 곧 그 이름을 믿는 자들에게는 하나님의 자녀가 되는 권세를 주셨으니 이는 혈통으로나 육정으로나 사람의 뜻으로 나지 아니하고 오직 하나님께로부터 난 자들이니라"(요 1:12-13). 하나님은 정말로 우리 아버지시다. 영원하신 성부로 존재하시는 하나님께서 우리에게도 아버지가 되신다! 하나님의 하나님 되심을 조금이나마 이해하기 시작한 우리에게 이 사실은 참으로 놀라운 사건이 아닐 수 없다. 하나님께서 아버지 같은 태도로, 혹은 아버지 같은 모습으로 우리를 대하신다는 게 아니다. 하나님은 진정으로 우리의 아버지가 되시며, 마음 깊은 곳으로부터 우리의 아버지가 되어 주신다.

하나님과 그 백성의 관계를 설명하기 위해, 성경이 보여주는 또 다른 예시도 있다. 그것은 신랑과 신부 그림이다. 세례 요한은 예수님을 소개하면서 이렇게 표현한다. "신부를 취하는 자는 신랑이나 서서

---

22 참고, Richard of St Victor, *De Trinitate*, 특히, Book V

신랑의 음성을 듣는 친구가 크게 기뻐하나니 나는 이러한 기쁨으로 충만하였노라"(요 3:29). 사도 바울도, 특히 창세기 2:24을 인용하면서 이러한 은유를 사용한다. "그러므로 사람이 부모를 떠나 그의 아내와 합하여 그 둘이 한 육체가 될지니"(엡 5:31). 즉, 예수 그리스도와 교회의 관계는 그들을 진정으로 하나 되게 한다는 점에서 신랑과 신부의 관계와 같다는 것이다.

여기서 우리가 놓치지 말아야 할 함의가 있다. 우리가 아들(성자 하나님)이신 예수님과 연합한다는 것은, 예수님과 친밀한 관계를 맺는 것뿐 아니라 아버지(성부 하나님)와의 관계에도 함께 참여하게 된다는 것을 의미한다. 즉, 우리가 본질상 아들이신 예수님과 연합할 때, 하나님을 아버지라고 부르시는 예수님만의 특권을 우리가 함께 누린다는 의미다. 그리스도인이 된다는 것은 실제로 아버지와 아들 사이에 항상 있는 영원한 사랑의 관계 속으로 휩쓸려 들어가는 것이다. 이 엄청난 사실을 우리는 어떻게 받아들이고 있는가? 이 진리를 제대로 이해할 수나 있을까? 바울이 자신이 직접 언급한 은유에 대해 스스로 이렇게 반응하는 것도 전혀 이상하지 않다. "이 비밀이 크도다"(엡 5:32).

우리가 그리스도인이 되었을 때, 결혼식장에서 신부가 입장하는 순간에 신랑의 얼굴에 환하게 퍼지는 기쁨의 미소야말로 하나님께서 우리를 향해 품으시는 그것과 가장 비슷할 것이다. 하나님이 백성된 우리 한 사람 한 사람을 향해 품으시는 사랑 역시 성부와 성자 사이에 항상 충만한 바로 그 영원한 사랑이다.

오늘날 우리는 다른 무엇보다 로맨틱한 관계에 집착하는 문화에 살고 있다. 많은 사람들이 누군가와 연결되길 갈망하고 있으며, 그 갈망에 대한 유일한 해결책은 홀로 잠자리에 들지 않는 것이라는 주장에 알게 모르게 길들여져 있다. 그러나 그리스도인은 홀로 잠이 들었다가도, 하나님 아버지의 따뜻한 위로의 시선 아래 눈을 뜨게 된다.

하나님의 삼위일체적 속성에서 파생되는 또 다른 함의는, 인간으로서 우리가 누리는 삼위일체의 은혜를 제대로 반영하도록 요구받는다는 것이다. 오늘날 우리 모두는 자신이 누구이며 어떤 사람인지를 경쟁적으로 찾고 드러내려는 시대를 살고 있다. 그렇기에 자아를 실현하는 일에 대부분의 시간과 에너지를 투자해야만 한다. 동시에, 그러지 못하는 것에 대한 혼란과 불안의 수준도 함께 치솟는다. 그런데 그런 우리의 노력과 열심이 정작 번지수를 잘못 짚은 거라면 어떻게 되는가? 진정한 자아 실현은 상호의존적인 관계 형성 없이 결코 실현 불가능하다면 어떻게 되는가? 인간으로서 진정한 자아 실현은 내가 누구인지를 드러내는 데 있지 않고, 타인을 위해 자기를 내어주는 사랑에 매진할 때 비로소 가능하다면 어떻겠는가?

이 사실을 깨닫고 붙잡을 때 우리에게 찾아올 엄청난 변화에 대해 말해야겠다. 몇 년 전의 일이다. 아내의 생일을 축하하던 늦은 시간에 전화벨이 울렸다. 밤 10시경이었다. 수화기 반대편에서 내가 목사인지 묻는 목소리가 들렸다. 나는 한 자리에 모여 있던 가족에게

양해를 구하고 서재로 들어가 전화를 응대했다. 상대방이 계속 말했다. "내가 자살을 선택해도 하나님은 용서해 주실까요?" 그의 질문에 곧장 대답하는 것은 좋지 않겠다는 생각에 나는 오히려 몇 가지 질문을 던졌다. 대화는 계속 이어지며 어느 정도 진전이 있었고, 우리는 다음 날 오전에 만나기로 약속했다.

그것은 꽤 길고, 내게도 고통스러운 만남이었다. 새로 친구가 된 그녀가 자신이 겪은 일들을 털어놓을 때 내 마음은 부서지는 것 같았다. 하지만 개인적으로 가장 안타까웠던 것은 그런 일을 겪고난 후, 그녀가 더 이상 삶을 지속해야 할 이유가 없다고 느끼게 되었다는 것이다. 자신은 너무 망가졌으며 아무짝에도 쓸모없는 사람인 것 같다고 했다. 비록 자신은 그리스도인이지만, 계속 숨을 쉬고 살아가는 것 자체가 이 세상의 공간과 자원을 낭비할 뿐이라는 결론을 내렸다고도 했다.

그럼에도 그녀는 그 모든 고통 속에 있으면서 한편으로는 하나님을 조금이라도 찾고 의지하기 위해 애쓰는 듯한 모습을 내비쳤다. 나는 그런 그녀와 함께 앉아서 그 모든 이야기를 듣고 있는 것이 목회자로서 나에게 얼마나 큰 은혜이고 특권인지 깨닫게 되었다. 내 옆에는 상상하기 힘든 비극과 슬픔을 겪고서도 여전히 믿음을 잃지 않은 하나님의 지극히 사랑받는 자녀가 있었다. 같은 그리스도인인 내가 그녀에게는 분명 하나님께 다시금 나아가기 위한 일종의 안전끈처럼 여겨졌을 것이다. 우리 두 사람의 대화는 어느새 하나님께서 미리 계획해 놓으신 방향으로 흘러가고 있었다. 즉 우리 모두는, 하나님이 그러시듯, 관계를 통해 서로의 존재를 필요로 한다는 점을 배우기 시작했다. 단지 누가 누구를 도울 수 있는가의 문제라기보다는, 자기를 내어 주고 다른 사람의 입장에서 그의 필요를 돌아보는 이타적인 삶의 방식이 진정 그리스도가 기뻐하시는 제자도의 참 모습임을 알게 되었다. 그런 의미에서 나의 새로운 친구는 교회 사람들이 그녀에게 관심과 사랑의 손길을 베풀도록 허락하는 것만으로도 정말 대단한 일을 해낸 것이다.

하지만 단순히 자기 자신과 세상을 다르게 보는 시야의 전환으로 모든 문제가 풀릴 수는 없었다. 그녀는 어떤 형태로든 정신적 문제를 치료받아야 했고 나는 그녀가 안전해졌다고 판단될 때까지 사역팀을 보내 돕도록 하면서 수시로 연락을 주고받았다. 변화는 수 개월에 걸쳐 서서히 나타났다. 그녀는 위험을 무릅쓰고 사람들과 관계를 맺을 준비가 되었고 우리 교회의 일원이 되었다. 그녀는 자신에게 매겨지는 가치라는 것이 자신이 행한 일에서 비롯되는 것이 아니며 전적으로 하나님과의 관계, 더 나아가 하나님 백성들과의 관계에서 싹튼다는 사실을 진심으로 받아들이기 시작했다. 상황은 더욱 좋아졌고, 나는 하나님께서 그녀를 통해 내게 가르쳐주신 모든 것에 대해 감사를 드렸다.

'하나님은 외로우실 수 없다'는 것은 우리에게 정말 반가운 소식이다. 하나님은 영원 전부터 완전하고 충만한 사랑의 관계 속에 계셨다. 따라서 하나님의 형상으로 지은 바 된 우리의 정체성에도 그것이 핵심이 될 수밖에 없다. 진정한 나를 발견하는 길은 다른 사람에게 나 자신을 내어줄 때 가능하다. '나'라는 주체가 내 삶의 중심부에서 이탈할 때 비로소 우리는 진정한 자아 실현의 길을 찾는다. 자기를 멋지게 드러내는 것에 조바심을 내며 잠 못 이루는 이 세상에서, 우리 그리스도인은 완전한 사랑이신 하나님의 안전한 그늘 아래 단잠을 청할 수 있다. 우리에게 깊은 상실의 고통을 안겨주는 가장 외로운 순간에도, 우리는 하나님의 품을 찾아 위로를 얻을 수 있다. 사랑의 하나님께 속한다는 것은 내가 아닌 다른 이들을 위해 자기를 내어주는 삶, 이타적인 사랑의 방식에 익숙해지는 것이다.

8. 하나님은 고통을 겪으실 수 없다

선천성 무통각증(Congenital Insensitivity to Pain, CIP)이라 칭하는 (대략 25,000명 당 1명꼴로 발생하는) 희귀한 증후군이 있다. 그 의미는 만약 누군가 불행하게도 이 질환을 앓는다면 그는 통증을 전혀 느끼지 못하게 된다는 것이다. 혹자는 그런 증후군을 지닌 사람을 왜 불행하다고 하느냐며 의아해 하거나 반문할지도 모르겠다. 그러나 CIP 증후군을 앓는 어린 아들을 둔 한 어머니는 언론과의 인터뷰에서 그것은 무시무시한 악몽과 같다고 했다. "아무런 고통을 느끼지 못한다고 하면, 어떤 사람들은 부럽다고 하겠지만, 사실 이것은 정말 끔찍한 고통이며 목숨까지 위태로운 중증질환입니다."[23] 여덟 살이 될 때까지 아이는 외상외과 및 응급실에 27회나 내원했고 두개골 골절을 포함해 매년마다 골절상을 입었다.

고통은 정말로 끔찍한 것이다. 나는 오랫동안 만성 통증을 겪으며 일상생활조차 힘들어하는 지인을 알고 있다. 하지만 고통 또한 삶의 중요한 일부분이다. 고통이 없으면 우리는 쉽게 상처를 입고 위험에 노출된다. 고통을 느끼는 감각기관은 우리 인간에게 아주 유용한 신체 기능이다. 물론 대부분의 경우, 그 고통을 경감시키거나 없애는 것이 결과적으로 가장 큰 유익이긴 하지만 말이다. 아이러니하게도, 우리가 살아가는 이 망가진 세상의 원리에 따르면, 고통은 인간의 번영을 위한 하나의 필수 요소로 작용한다.

여기서, 앞의 아이처럼 끓는 물에 손을 넣어도 전혀 무감각한 사람에게 가령, 치통 같은 통증 경험을 설명해 준다고 하자. 그 고통을 어떻게 설명할 것인가? 내가 도저히 경험할 수 없는 어떤 것에 대해 제대로 이해하기란 불가능에 가깝다. 아픔을 전혀 느낄 수 없는 사람이 극한 고통 가운데 있는 환자를 어떻게 공감할 수 있는가?

그러므로 이 장의 제목처럼, '하나님은 고통을 겪으실 수 없다'고 주장한다면, 우리에겐 몇 가지 의문이 생긴다. 하나님께서 고통을 겪

---

23 Candice Fernandez "Real-life superhero: The boy who can't feel pain", *New Zealand Herald*, 8 May, 2017. https://www.nzherald.co.nz/lifestyle/real-life-superhero-the-boy-who-cant-feel-pain/CPSZIL5KCQ43G4PF7XPIICEVNE/ (접속날짜: 2020년 12월 1일).

으실 수 없다면, 그 말은 곧 하나님께서 우리의 고통을 이해하실 수 없다는 의미가 아닌가? 고통이 무엇인지도 모르는데 어떻게 고통 가운데 있는 자들을 돌아보실 수 있는가? 이런 논리로 한 걸음 더 들어가면, 하나님이 우리의 고통에 무관심한 냉담한 분은 아닌가 하는 의구심이 든다.

그러나 하나님에 대한 이 같은 관점은 상당히 불경할 뿐 아니라 성경적이지도 않다. 성경에서 우리는 하나님이 자기 백성을 어떻게 돌아보시는지에 대해 다음과 같이 선포하는 구절을 보게 된다.

> 여인이 어찌 그 젖 먹는 자식을 잊겠으며 자기 태에서 난 아들을 긍휼히 여기지 않겠느냐 그들은 혹시 잊을지라도 나는 너를 잊지 아니할 것이라(사 49:15).

이 본문에서 드러나는 것은 절대로 차갑고 냉담한 신의 모습이 아니다. 하나님은 자기 백성조차 상상하기 어려운 세심한 돌봄과 긍휼을 베푸신다는 사실을 (여인이 자기 태에서 난 자식에게 젖을 먹이는) 비유로 보여주신다. 하나님은 자기 백성을 향한 사랑과 돌봄이 어쩌면 모성애보다 깊고 사랑이 가득하며 의지할 만한 것임을 알려주고자 하신다. 앞서 언급한 CIP 증후군 아들을 둔 엄마가 아니더라도, 이 세상 모든 엄마들은 자녀를 위해 아파하고 고통을 겪는다는 것이 무엇인지 잘 안다.

하나님의 비피동성 개념

그런 점을 감안할 때, 교회 역사 속 대부분의 시간 동안, 하나님은 고통을 겪으실 수 없다는 주장에 대한 거의 만장일치에 가까운 합의가 있어 왔다는 사실이 무척 놀랍다. 기독교 초기에, 정통 신학자뿐 아니라 그 반대편에 섰던 대부분의 이단까지도, 하나님의 '비피동성'(impassible, 하나님은 자신이 아닌 다른 존재의 행위에 의해 발현되는 고통이나 감정을 경험하실 수 없다는 의미)이라는 신학적 용어를 사용하여 하나님께서는 결코 고통을 겪으실 수 없음에 의견의 일치를 보았다. (기독교의 믿음과 신조에 대해 합의된 내용을 공식적으로 선포한) 초기 네 차례에 걸친 기독교 공의회에서도[24] 하나님의 '비피동성'은 성자 하나님의 성육신에 관한 모든 논의의 울타리를 제공한 중요한 신학 개념이었다.

대략 천 년이 지나고, 종교개혁의 교리적 선언이 있었을 때에도 '비피동성'은 하나님의 근본적인 존재적 속성 가운데 하나로 여전히 포함되었다. 예를 들면, 영국 성공회 39개 신조(Anglican 39 Articles)와 웨스트민스터 신앙고백서(Westminster Confession) 둘 다, 하나님에 대한 진술에서, "몸, 기관 또는 성정(性情, passions)이 없으시다"고 묘사한다.[25] 우리가 여기서 관심 있게 주목할 것은 '성정'(passions)이란 표현이다. (신학적으로 비피동적[Im-passible]이라 함은 성정이 없음[without passions]

---

24 주후 325년 니케아, 주후 381년 콘스탄티노플, 주후 431년 에베소, 그리고 주후 451년 칼케돈.
25 39 *Articles of Religion* (1562), Article 1; *Westminster Confession of Faith* (1646), Chapter II, Article 1.

을 의미한다). 21세기를 사는 우리 현대인은 '격정/열정'(passion)을 긍정적인 것으로 받아들이는 경향이 있다. 그러나 본래 이 단어는 '고통/괴로움'(suffering)을 의미하는 라틴어에서 유래했으며, 당시에는 대개 "외부로부터 오는, 우리를 좌지우지하는, 감정적 반응"을 지칭했다.

결국 교회 역사 전반에 걸쳐 하나님은 고통을 겪으실 수 없다는 기본적인 합의가 있었다는 결론을 내릴 수 있다. 어째서 과거의 그리스도인들은 오늘날 우리 눈에는 합리적으로 보이지 않는 견해를 그토록 일관되게 주장할 수 있었을까?

이런 질문에 대해 고찰할 때면, 우리의 신학이 진정으로 하나님의 계시에 복종하는 자세로 이루어진다면, 근본적으로 '반직관적'(counter-intuitive)일 수밖에 없다는 사실을 염두에 두어야 한다. 우리 모두는 자기 자신과 비교하여 하나님이 어떤 분인지를 가늠하는 경향이 있다. 그렇기 때문에 우리 자신과는 많은 면에서 본질적으로 다르신 하나님을 대할 때마다 반드시 주의할 점이 있다. 우리 자신이 끝없는 조각들로 짜맞춰 왔던 하나님의 모습, '하나님은 아마도 이러저러한 분일 것이다'라는 우리가 만든 이미지를 계속 해체시켜야만 한다는 것이다. 하나님은 이사야 선지자를 통해 이미 이렇게 말씀하셨다. "이는 내 생각이 너희의 생각과 다르며 내 길은 너희의 길과 다름이니라 여호와의 말씀이니라 이는 하늘이 땅보다 높음 같이 내 길은 너희의 길보다 높으며 내 생각은 너희의 생각보다 높음이니라"(사 55:8-9). 신학을 공부하는데, 우리가 아무런 불편감도 느끼지 않는다면, 제대로 공부하고 있지 않은 것이다.

또한 우리가 기억해야 할 것은, 하나님은 고통을 겪으실 수 없다는 진술이 하나님에 관해 믿음의 선배들이 지지했던 다른 모든 진리에서 결코 동떨어진 개념이 아니라는 것이다. 하나님은 "몸, 기관 또는 성정이 없으시다"는 신조 문구에서도 그 사실을 엿볼 수 있다. 즉, 하나님께서 (몸이 없으시므로) 우리와 같은 방식으로 시공간에 존재하시는 게 아니듯이, 하나님은 (성정이 없으시므로) 우리와 같은 방식으로 감정을 경험하시지도 않는다.

이렇게 생각하면 도움이 될 수 있겠다. '시간을 초월한 존재가 어떻게 고통을 겪을 수 있는가?' 고통이란 일반적으로 우리에게 일어나는 어떤 일에 대한 반응과 관련이 된다. 하나님께서 새로운 것을 배우실 수 없는 이유에 대해 앞서 고찰했듯이, 하나님은 우리 인간처럼 시공간의 세계에 수동적으로 앉아 있다가 자신에게 어떤 일이 들이닥치면 그때마다 반응하는 존재가 아니시다. 하나님은 우리하고는 완전히 다른 방식으로 존재하신다. 그럼에도 불구하고 하나님은 매 순간 모든 시공간의 세계와 동시적으로 완벽한 소통관계를 유지하고 계신다.

다르게 표현하면, 하나님을 설명하는 한 방식으로 앞의 1장에서, 하나님의 '완전하심'에 대해 논했던 내용을 되짚어보자. 모든 것의 창조주이신 하나님은 모든 선한 것의 근원도 되신다. 그러므로 하나님께는 선한 것이라 해도 부족함이 전혀 없으시며, 하나님은 그분에게 무엇을 더하거나 빼는 식으로 더 나아질 수도 없으시다. 하나님은 이미 완벽하시고 항상 완전하시기 때문이다. 따라서 하나님은 모든 피조물로부터 완전히 독립되어 있으며, 그분에게는 어떤 피조물도 '필요'하지 않다. 하나님께서 만물을 빚으셨지만, 만물이 하나님께 어떤 식으로든 영향을 미치지는 않는다.

신학적으로 고찰해 볼 때, "passion"(성정, [예수의] 수난)[26]은 감정(emotion)과 동일한 것이 아니다. 오히려 그것은 "외부에서 비롯된 무언가에 의해 우리 의지와 상관없이 발현되는 반응"을 가리킨다. 그 반응이 고통일 수도 있고 특정 감정일 수도 있다. 만약 창조세계가 어떤 이유로든 창조주에게서 의도하지 않은 반응을 일으키게 한다면, 그것은 마치 창조주가 창조세계에 의해 어떤 식으로든 영향을 받는 모양새가 된다. 피조물에게 창조주를 제어하는 힘이 있다는 말이 된다. 만약 그렇다면, 하나님께서 고난을 겪으실 수 있느냐 없느냐 하는 질문 자체가 무척 위태롭게 된다. 하나님이 그러실 수도 있다고 말하는 게 우리에게는 별로 대수롭지 않은 문제처럼 보일 수 있다. 그러나 이는 하나님에게 존재론적 의문을 제기하는 것이나 마찬가지다.

한 가지 반드시 짚고 넘어가야 할 것은, 하나님의 비피동성(무성

---

[26] passion. 오늘날 "열정, 강렬한 감정, 정열" 등을 의미하는 이 단어가 예수 그리스도의 십자가 수난을 언급할 때 사용되는 이유는, 원래는 "견디다, 겪다, 경험하다"는 의미의 라틴어에서 유래했기 때문이다. 핵심은 "견뎌야 할 것"이다. 이 단어는 이후에 "순교자들이 겪는 고통과 일반적인 고통 및 통증"의 의미로 확장되었고, 중세에 이르러 "질병" 그리고 "감정, 욕망, 성향 및 죄를 짓고 싶은 욕망"을 고난으로 간주하면서 용례로 사용되었다. "성적인 욕망"이나 "강렬한 열정" 등의 의미는 가장 최근에 추가되었다.

정/무감정)에 대한 설명이 하나님은 냉담하고 무관심한 분이라는 의미가 결코 아니라는 것이다. 하나님에게는 우리 인간과 같은 성정(passions)이 없으실 수 있으나, 단연컨대, 하나님에게는 긍휼(불쌍히 여김, compassion)이 있으시다. 하나님은 우리의 죄 또는 우리의 고난에 대해서도 결코 무심하지 않으시다. 따라서 우리는 성경이 실제로 하나님에 대해 말하고 있는 다른 모든 그분의 본성과 성품을 간과하면서까지 하나님의 비피동성에 관한 교리를 지나치게 강조해서는 안 된다. 하나님께서 우리와 관계를 맺으시는 방식은 이 세상의 언어, 즉 피조물인 우리 인간의 언어로 설명되어 있다. 그 덕분에 피조물인 우리 인간은 창조주께서 우리를 대하시는 방식을 이해할 수 있을 뿐이다. 하나님께서는 오로지 우리를 위해 우리에게 익숙한 방식으로 표현하셨음을 잊지 말아야 한다. 우리의 죄와 반역은 하나님을 슬프시게 하며(시 78:40), 우리의 회개는 하나님을 기쁘시게 한다(눅 15:10). 하나님은 우리의 궁핍함과 가난함을 진정으로 불쌍히 여기시며 건지기 원하신다(시 72:12-14). 신학자 찰스 핫지(Charles Hodge)는 이 진리를 다음과 같이 말했다.

성경이 우리에게, "아버지가 자식을 긍휼히 여김(pitieth) 같이 여호와께서는 자기를 경외하는 자를 긍휼히 여기시나니"(시 103:13)라고 이야기할 때, (성정이 없으신 하나님이 누군가를 불쌍히 여긴다는 점이 말이 안 되므로) 우리를 우롱하는 것처럼 보일 수 있으나 결코 그렇지 않다. 하나님의 말씀은 말씀하신 그대로를 의미한다. 하나님께서 스스로를 가리켜, "여호와라 여호와라 자비롭고 은혜롭고 노하기를 더디하고 인자와 진실이 많은 하나님이라"(출 34:6)고 선포하셨을 때, 그 말씀의 의미는 하나님께서 선포하신 그대로인 것이다.[27]

이 모든 것을 감안하더라도, 하나님은 우리와 같은 성정이 없으시며 따라서 고통도 겪으실 수 없다고 주장한 옛 교부들이 틀렸을 가능성은 없을까? 현대의 일부 사상가들은 그렇게 주장하기도 했다. 최근에는 (여기서 '최근'은 19세기 중반부터의 시기를 지칭한다!) 초기 교회의 신학자들이 비성경적인 '헬레니즘' 사상을 기독교 전통 속으로 도입시켰다는 주장이 관심을 끌기도 했다. 하지만 이런 주장은 '계몽주의적인' 접근을 통해 지난 날의 오류가 어디서 들어왔는지 알아내려 시도한 학자들에 의해 도태되었다. 옛 교부들이 주장했던 하나님의 비피동적(impassible) 속성이, 아리스토텔레스의 '부동의 원동자'(unmoved mover) 개념과 유사하다는 주장을 새롭게 제기한 것이다. 그러나 이는 성경이 말하는 긍휼의 하나님이 아니다. 이런 하나님은 자기 외에 다른 존재에게서 아무 영향을 받지 않기도 하지만, 더불어 창조세계로

---

[27] Charles Hodge, *Systematic Theology*, vol. 1 (Logos Research Systems, Inc., 1997), p 429. 핫지가 비피동성 개념을 포함하는 '고전적' 신론에 완전히 몰입해 있었음에 주목할 필요가 있다. 핫지는 해당 서서에서 이렇게 말했다. "그 자체로 무한하고 영원하며 불변하는 신적 본질에 속한 특정한 완전함들이 우리 본성의 체질 안에서 그리고 하나님의 말씀 안에서 우리에게 계시되었다. 그런 신적 완전함들을 우리는 하나님의 속성이라 부르는데, 그것은 신적 존재의 본성에서 본질적이며 하나님에 관한 우리의 관념에 필수적으로 관련되는 것들이다." p 368.

부터도 철저히 동떨어진 존재이기 때문이다.

 하나님의 비피동성과 관련하여 여러 학자들 사이에서 벌어진 논쟁은, 어느 한편에서 보면 대부분 매우 그럴 듯하게 보인다. 그럼에도 현재까지 기록으로 보존된 교부 신학자들의 주장을 살펴보면 실제로 그들이 성경에 근거하여 자신들의 주장을 정립했다는 것을 확인할 수 있다. 물론 그들이 그리스 철학 사상의 용어들을 사용하긴 했지만, 그것은 신학적 논의와 표현에 있어서 최대한의 명료성과 정확성을 추구하기 위함이었다. 일례로, "아테네가 예루살렘과 무슨 상관이 있는가?"라고 반문할 정도로 그리스 철학에 몸서리를 쳤던 테르툴리아누스(Tertullian, c.160-230 AD) 같은 신학자는 하나님의 비피동성 교리를 강력하게 지지했다. 출애굽기 3:14("나는 스스로 있는 자이니라")에 자신의 논지를 두면서 이렇게 기록했다. "살아 있고 완전한 신은 어떤 기발함이나 혹은 고대성에서 비롯되는 것이 아니라, 그 신에게 있는 참된 본성에 기원을 둔다. 영원 속에는 시간이 존재하지 않는다. 신은 영원히 항상 존재하며 스스로 행동하기에, 무언가에 의해 고통을 겪을 수가 없다."[28] 이것이 바로 '성정'(passions)이 없으신 하나님이 그럼에도 불구하고 우리에게 '긍휼'(compassion)을 보이실 수 있는 이유다. '성정'은 어떤 외부적 사건에 대한 일종의 통제되지 않은 반응인 반면, '긍휼'은 하나님의 내적 (그리고 영원한) 존재의 한 표출인 것이

---

28 Tertullian, "The Five Books against Marcion," in *The Ante-Nicene Fathers*, Vol. 3, ed. Alexander Roberts, James Donaldson, and A. Cleveland Coxe, trans. Peter Holmes (Christian Literature Company, 1885), p 276.

다. 이것은 하나님께서 (우리 식으로 표현하자면) '느끼지'(feel) 않으신다는 의미가 아니다. 이 말은 하나님께서 무언가를 '느끼신다면' 그것은 오직 그분의 본성과 성품 안에서 흘러나오는 것이라는 의미이며, 따라서 하나님 자신이 아닌 그 어떤 요인들도 하나님이 무엇을 느끼도록 영향을 주거나 강제할 수 없다는 의미이다. 그런 의미에서, 하나님은 (외부로부터 강제되는) 고통을 겪지(suffer, 이 용어는 "견디다" 또는 "겪다"는 의미의 라틴어에서 유래한다) 않으신다는 것이다.

지복 상태에 계신 하나님

초기 그리스도인들은 하나님이 최고의 변함없는 지복(blessed)의 상태에 계시는 분이심을 인지했다. 복되다(blessed)는 것은 모든 선한 것들로 완전히 충만한 상태를 가리킨다. 또 다른 말로, (우리식으로 단순하게 표현하자면), 그분은 더 이상 가능하지 않을 만큼 행복한 상태라는 것이다. 그런 하나님이라면 어떻게 고통을 겪으실 수 있는가?

하나님은 최고의 지복 상태로 존재하신다는 개념은 확실히 그리스 철학에서 끌어온 것이 아니다. 그 개념은 성경에 기록된 하나님의 자기 계시에서 직접 나왔다. 우리가 알다시피, 예수님 당시의 유대인들은 하나님의 거룩하신 이름을 직접 소리 내어 말할 수 없었다. 어떤 식으로든 다른 식으로 말해야 했다. 그런 배경에서, 대제사장은 예수님에게 이렇게 질문한다. "네가 '찬송받을 이'(the Blessed One)의 아들 그리스도냐"(막 14:61). 하나님을 "복되신 이"(blessed one)로 부르는 것은 당시 보편적인 관행으로, 신약에서는 오직 하나님만이 "찬송받을"(blessed) 이로 언급된다.[29] (예. 롬 1:25 '주는 곧 영원히 찬송할 이시로다')

따라서 '고통을 겪으실 수 없는 존재'로서의 하나님에 관해 우리가 말할 때, 실제로 그 표현이 의미하는 바는, 하나님은 '복되신 이'시라는 것, 즉 모든 선한 것의 근원이시며 그 어떤 것에도 부족함이 없으신 완전하신 하나님이시라는 것이다.

하지만 우리에게는 여전히 의문점이 남는다. 그렇다면 영원토록 완전하고 복되신 하나님께서 이처럼 어둠에 처한 망가진 세상을 어떻게 이해하신다는 말인가? 우리를 포함한 이 세상의 모든 괴로움과 피조물들의 탄식이 영원토록 지복 상태에 계신 하나님께 어떤 식으로든 결코 영향을 미치지 못할 텐데, 그 하나님이 우리의 고통을 진정으로 이해하고 돌아보신다고 어떻게 말할 수 있는가? 우리 삶의 많은 부분이 그렇듯이, 아무리 노력해도 결코 이해할 수 없는, 우리의 지각을 뛰어넘는 영역이 있다는 사실을 결국 인정해야 하는 시점에 다다를 때가 있다. 그렇다고 지금이 그때라고 말하는 것은 아니다. 사실, 그 주제에 관해서는 아직 하고 싶은 말이 무척 많이 있다. 하지만 더 깊이 파고들면 이 책은 원래 의도했던 것과는 다른 책이 될 것이다.

일단 여기서 내가 정말로 제안하고 싶은 건, 별로 동의하고 싶지 않겠지만, 언제나 흔들림 없는 지복 상태에 계시는 하나님의 비피동

---

29 여기에 해당하는 헬라어 단어는 "율로게토스"인데, 예수님이 산상수훈의 팔복에 사용하셨고 영역본에서 대개 'blessed'으로 번역되는 "마카리오스"와 자칫 혼동해서는 안 된다.

성은 우리에게 최고로 좋은 소식이며, 밤에 베개를 부둥켜안고 누울 때마다 우리에게 엄청난 평안과 위로를 주는 진리라는 것이다.

첫째, 하나님의 비피동성(impassibility)은 하나님께서 실제로 자신의 약속을 지키실 수 있다는 사실을 또 다른 각도에서, 다시 한 번 상기시켜 주는 것이기 때문에 우리에게 확실한 안도감을 준다. 슬픔과 고통은 이 망가진 세상에 사는 모든 사람에게는 절대로 피해갈 수 없는 경험이다. 슬프다고 해서 또는 괴롭다고 해서 결코 부끄러운 것이 아니다. 잘 알다시피, 시편에는 가슴 저미는 슬픔과 애통의 표현들이 가득하다. 하지만 나의 경우에는 삶에서 겪은 특정한 고통(passions)으로 인해 나 자신의 책무를 평소처럼 이행하는 것이 불가능해지는 때가 있었다. 나의 형제의 갑작스러운 죽음이 그 중에서도 가장 분명한 사례이다. 그날 이후 나는 평소에 하던 일을 계속하는 것은 고사하고 내 힘으로 혼자 일어설 수도 없을 만큼 큰 충격에 빠졌다.

하지만 하나님은 다르시다. 이 세상 모든 일 가운데, 하나님으로 하여금 조금이라도 또는 잠시라도 흔들리게 할 만한 것은 아무것도 없다. 하나님의 백성을 향한 하나님의 선한 계획과 목적을 이루지 못하도록 하나님을 요동치게 할 수 있는 어떤 피조물이나 어떤 사건도 전혀 없다는 뜻이다. 하나님은 예기치 않은 충격에 빠지는 바람에 '쉬어야 하는 날'이 단 하루도 없으시다. 하나님은 우리처럼 충격이나 고통을 겪고 힘을 잃거나 정신을 놓아버리는 일이 없으시다. 그러므로 '고통을 겪으실 수 없는 하나님'이라는 말은 결국, '변하지 않으시는 하나님'이란 의미와 같다. 그렇기 때문에 하나님은 자녀인 우리가 더욱 신뢰할 만한 분이시다. 하나님은 언제나 우리를 도우실 수 있으며, 우리를 도우시려는 하나님의 열망은 결코 쇠하거나 줄어들지 않을 것이다. 우리가 기도하면 하나님은 언제나 들으실 준비가 되어 있으시다. 아무것도 그분을 방해하지 못한다. 우리가 넘어져서 실패할 때도, 하나님은 우리를 일으켜 세우시고 보듬어주실 것이다. 우리는 오직 하나님 안에서 안식할 수 있고 언제나 그분을 의지할 수 있다. 지금 이 순간에도 변함없이.

둘째, 하나님이 모든 선한 것들로 충만하시다는 사실은, 하나님에게는 언제든, 온갖 고통을 겪는 우리를 도우실 충분한 자원이 있음을 의미한다. 신학자 토머스 웨이넌디(Thomas Weinandy)가 그 핵심을 잘 표현했다. "우리를 향한 하나님의 긍휼(compassion)은 인류와 함께 겪으시는 그분의 고통을 통해서가 아니라, 인간 고통의 원인인 죄를 없이하시는 그분의 능력에서 드러난다."[30] 하나님에게 무한한 축복의 자원이 있다는 사실은 하나님께서 우리에게 끊임없이, 그리고 아낌없이 무제한으로 복을 부어주실 수 있다는 것을 의미한다. 영원한 지복 상태에 계시는 하나님, 외부의 어떠한 도전에도 변함없이 최고의 행복을 누리시는 하나님께서는 언젠가 그 완전한 행복을 사랑하는 자녀들과 함께 나누실 것이다.

---

30 Thomas Weinandy, "Does God Suffer?", *First Things*, November 2001. https://www.firstthings.com/article/2001/11/does-god-suffer (접속날짜: 2021년 3월 24일). 동일한 제목으로 출간된 책과 함께 이 논문을 읽어보길 진심으로 권한다.

너는 알지 못하였느냐

듣지 못하였느냐

영원하신 하나님 여호와,

땅 끝까지 창조하신 이는

피곤하지 않으시며 곤비하지 않으시며

명철이 한이 없으시며

피곤한 자에게는 능력을 주시며

무능한 자에게는 힘을 더하시나니

소년이라도 피곤하며 곤비하며

장정이라도 넘어지며 쓰러지되

오직 여호와를 앙망하는 자는 새 힘을 얻으리니

독수리가 날개치며 올라감 같을 것이요

달음박질하여도 곤비하지 아니하겠고

걸어가도 피곤하지 아니하리로다(사 40:28-31).

9. 하나님은 죽으실 수 없다

"나는 영원히 살고 싶지 않아. 물론 멋진 소리로 들리기는 하지만 내가 그렇게 계속 살아서 뭐할 건데?" 1992년 블랙 코미디 영화, '죽어야 사는 여자'(원제: Death Becomes Her)에서 어니스트 멜빌(Ernest Melville) 역의 브루스 윌리스(Bruce Willis)가 내뱉은 말이다. 이미 한 세대가 지났지만 비슷한 정서가 담긴, 테일러 스위프트(Taylor Swift)와 제인 말리크(Zayn Malik)의 팝송, "나는 영원히 살고 싶지 않아"(원제: 'I Don't Wanna Live Forever')도 베스트 곡으로 팬들의 사랑을 받았다. 대체 왜 그게 싫은 걸까?

영원히 산다는 것은 얼핏 생각하기에는 꽤나 매력적인 개념이다.

일반적으로 죽음은 부정적인 사건이라는 인식이 있기에, 죽지 않는다는 것은 분명 긍정적인 현상으로 보인다. 딜런 토머스(Dylan Thomas)의 시구, "빛이 죽어가는 것에 분노하라"는 표현은 정말 멋지지 않은가? 그러나 불멸 또는 영생을 실제 가능성으로 고려해 보면, 반갑고 긍정적이라기 보다는 오히려 심각한 문제에 가깝다는 사실을 깨닫게 된다.

한 가지 예를 들면, 더글러스 애덤스(Douglas Adams)는 공상과학소설, 『삶, 우주 그리고 모든 것』(원제: 'Life, the Universe and Everything' 『은하수를 여행하는 히치하이커를 위한 안내서』 시리즈 제3권)에서 이러한 문제의식을 넌지시 드러낸다. 책에는 "전 우주를 통틀어 극소수에 불과한 불멸의 존재", "무한정 수명이 늘어난 와우배거"라는 인물이 등장한다. 저자는 이 와우배거란 인물이 처한 곤경에 대해 묘사하는데, 와우배거는 우연한 사고로 불멸의 존재가 된 상태였고 계속되는 삶은 그에게 점점 무거운 짐이 되고 있었다.

하지만 종국에 가서 도저히 해결할 수 없는 골칫거리로 등장한 것은 바로 매주 일요일의 오후였다. 두 시 오십오 분경부터 근질거리기 시작하는 그 끔찍한 권태감 말이다. 알다시피 그 시간쯤이면 사람들은 하루에 할 수 있는 수준의 목욕은 이미 다 했을 것이고, 신문 기사를 죽도록 쩨려보고 있으면서도 절대 읽지는 않을 테고, 따라서 기사에 나온 혁신적인 방법대로 가지치기를 시도해 보는 일 따위는 결코 하지 않기 마련이다. 그러다가 시계를 보면 바늘이 잔인하게도 네 시에 다다를 테고, 그러면 사람들은 길고 암울한 영혼의 티타임으로 진입하게 되는 것이다.[31]

비단 와우배거만이 길고 암울한 영혼의 티타임을 두려움 속에 홀로 견뎌야 했던 것은 아니다. 나도 그와 비슷한 (간접적인) 경험이 있다. 젊고 파릇파릇했던 부교역자 시절의 일이다. 나는 영생이라는 주제에 관해 설교를 했고 당시 그 주제를 생각하는 내내 긍정적이고 경쾌한 느낌이 들었다. 예배가 마치자마자, 평소 통찰력이 남달랐던 한 성도가 다가와 내게 말을 건넸다. "설교 잘 들었습니다. 그런데 저는 오늘 말씀하신 영원한 삶을 생각하면 생각할수록 오히려 더 두려워지는데 어떻게 하죠?" 나의 당혹스러운 표정을 읽었는지 그녀는 이렇게 덧붙였다. "제가 무척 지루해질 것 같아서 정말 걱정이 된다는 말이죠." 그녀의 말인즉슨, 창조세계는 유한하기 때문에 만일 우리의 생명이 무한대로 연장되면 유한한 자원 속에서 엄청난 문제가 발생할 것이 불 보듯 뻔하다는 것이었다. 즉, 우리에게는 무한대의 시간이 넘치기 때문에, 결국에는 모든 사람을 다 만나게 될 것이고, 모든 사람과 가능한 모든 대화를 다 나눌 것이고, 지금까지 기록된 모든 책도 다 읽게 될 것이고, 모든 흥미로운 장소를 다 방문하게 될 텐데, 그리고

---

31 Douglas Adams, *Life, the Universe and Everything* (Macmillan, 2010), p 4-5, 『은하수를 여행하는 히치하이커를 위한 안내서(합본): 삶, 우주 그리고 모든 것』 책세상. 487쪽.

나면 가장 스릴 있는 장소조차 결국에는 평범하고 지루한 곳으로 전락하고 말 것이란 얘기였다. 창조세계의 모든 것을 다 경험할 수 있는 무제한의 시간이 주어진다면 오히려 모든 것이 지루해져 버릴 것이라는 진심어린 우려가 담겨 있었다. 잠자코 그 얘기를 듣다보니 나도 모르게 그녀의 염려가 일부 공감되기 시작했다. 여러분이 내 입장에 있었다면 이 성도에게 뭐라고 대답할 수 있겠는가? "엇, 그러고 보니 그것도 맞는 말이네요!" "아, 저런, 제가 미처 생각 못한 부분인 걸요" 등의 놀람이나 감탄은 제외하고 말이다.

하나님의 불멸성

그 고민을 하기 전에, 우리는 하나님의 불멸성(immortality)에 대해 먼저 살펴볼 필요가 있다. 하나님의 비가시성(invisibility)과 더불어, 하나님의 불멸성 또한 디모데전서의 서두와 말미에서 바울이 벅찬 감동으로 터뜨렸던 하나님을 향한 송영의 중요한 내용이다.

> 영원하신 왕 곧 썩지 아니하고 보이지 아니하고 홀로 하나이신 하나님께 존귀와 영광이 영원무궁하도록 있을지어다 아멘(딤전 1:17).

> 하나님은 복되시고 유일하신 주권자이시며 만왕의 왕이시며 만주의 주시요 오직 그에게만 죽지 아니함이 있고 가까이 가지 못할 빛에 거하시고 어떤 사람도 보지 못하였고 또 볼 수 없는 이시니 그에게 존

귀와 영원한 권능을 돌릴지어다 아멘(6:15-16).

하나님의 불멸성에 대해 이야기할 때, 우리는 이 단어의 일반적인 신학용례에서 설명하는 것과는 조금 다른 의미로 받아들인다. 우리는 소위 '불사'(즉, '불멸')라는 개념을, 마치 '100퍼센트 방수처리된 옷'을 덧입는 것 정도로 오해하는 경향이 있다. 방수처리된 옷을 겉에 입으면 옷이 빗물을 밖으로 튕겨내고, 빗물은 옷의 안쪽으로 스며들지 못하고 데굴데굴 굴러 떨어진다. 방수처리된 옷을 덧입은 덕분에 우리 몸은 젖지 않게 된다. 마찬가지로 우리는 '불멸'의 상태를 죽음에 대한 특별한 저항력을 덧입은 상태, 즉 본래 자연적으로는 죽을 수밖에 없는 '필멸'의 존재인 우리에게 특별한 조치가 더해지는 것처럼 생각하는 것이다. 지금까지 이 책을 충분히 읽어 왔다면, 이 지점에서 당연히 이런 생각을 하고 있을 것이다. "하나님의 불멸성이 그런 방식이라고요? 이봐요, 작가 목사님! 지금 무슨 말도 안 되는 논리를 펴는 겁니까? 하나님께는 아무것도 더할 것이 없지 않나요?" 그렇다, 여러분 말이 옳다.

출애굽기 3:14에서 이미 보았듯이, 하나님께서 자신의 이름을 모세에게 계시하실 때, "나는 스스로 있는 자이니라"('I am who I am')고 말씀하셨다. 우리는 이러한 진술이 하나님을 우리와 철저히 구별되는 특별한 존재로 선언하는 것임을 보았다. 즉, 창조되지 않은 만물의 창조주로서, 스스로 존재하시는 하나님께서 창조된 피조물들과는 완전히 구별되는 존재이심을 보여주는 선언이다. 하나님은 오직 하나님 자신에게 기원이 있다(기억하는가? 하나님은 '자존'하시는 분이다). 이뿐 아니라 하나님에 관한 모든 참된 진술은 하나님이 어떤 분인지에 대해서도 규정한다. 정리하자면, 이 장에서 우리가 이야기하는 하나님의 불멸성은, 그분의 마지막에 관해서 뿐 아니라 그분의 시작에 관해서도 이야기하는 것임을 의미한다. 우리식으로 더 쉽게 말하면, 하나님은 당연히 '죽으실 수' 없을 뿐 아니라 '태어나실 수도 없다는 것이다.

이제 다시 설명해 보겠다. 히브리어 구약성경을 헬라어로 번역한 고대의 70인역(Septuagint) 본문에 보면, 출애굽기 3:14에 계시된 하나님의 신성한 이름은 "나는 나 자신으로 있는 자이다"('I am the one who is') 또는 "나는 존재하는 자이다"(I am the being one) 등으로 번역될 수 있다. 요한계시록 1장에서 사도 요한은 이처럼 하나님께서 "나는 … 자이다"('who is')라고 말씀하신 방식과 정확히 똑같은 표현을 쓰고 있다. 그런데 여기에 한 가지 중요한 사실이 첨가되고 있다.

> 주 하나님이 이르시되 나는 알파와 오메가라 이제도 있고 전에도 있었고 장차 올 자요 전능한 자라 하시더라(계 1:8).

같은 장의 끝 부분에 가면, 부활하신 예수 그리스도께서도 이와 거의 동일한 표현으로 자신에 대해 계시하신다.

> 두려워하지 말라 나는 처음이요 마지막이니 곧 살아 있는 자라(계 1:17-18).

하나님께서 스스로 "존재하는 자" 또는 "살아 있는 자" 되신 것의 의미를 설명하기 위해, 자신을 과거와 미래의 측면으로 묘사하시는 부분에 주목해 보라. 비유하자면, 하나님은 현재를 앞뒤로 받쳐주는 일종의 북엔드와 같다고 할 수 있다(즉, "알파와 오메가"[32], "처음과 마지막"). 하나님은 전에도 계셨고(과거), 이제도 계시며(현재), 또 장차 오실(미래) 하나님이다. 광활한 우주의 전체 타임라인도 사실은 그것보다 훨씬 더 거대한 북엔드 안에서 존재한다. 그리고 이 거대한 북엔드 되시는 주 하나님은 우주의 타임라인 바깥에 존재하신다.

그렇다면 결국 불멸성이란 단지 죽음을 막아주는 방수옷을 덧입었다는 것이 아니라 하나님의 존재 방식에 대한 선언이다. 하나님은 우주에서 유일하게 '필연적으로' 존재하시는 분이다. 하나님이 존재하시는 것은 무엇을 행해서가 아니라 그저 그분이 존재하시기 때문이다. 엄밀한 의미에서 보면, 하나님은 우리처럼 삶을 영위하실 수 없다. 오직 존재하실 뿐 한 번도 그러하신 적이 없다.

이 사실은 다시금 하나님이 시간의 바깥에 존재하시는 분임을 기억하게 한다. 시간에 얽매이지 않고서는 어떤 것도 생각하거나 말할 수 없는 우리로서는 매우 이해하기 어려운 부분이다. 시간의 세계에

---

32 각각 헬라어 알파벳의 처음과 마지막 글자.

속한 우리는 시간에 얽매이지 않는 영원불멸이 도대체 어떤 것인지 상상하기 어렵다. 이것은 우리가 "하나님은 정말로 나와는 전혀 다른 존재시구나!"라고 인정해야 하는 또 다른 지점에 불과하다. 그러나 우리가 그렇게 인정할 때, 하나님의 존재 방식이 그렇게 나쁘지만은 않을 수도 있겠다는 가능성에 대해 조금 생각해 볼 수 있다.

우리가 누리는 영생의 복

시공간 밖에서 초월적으로 다스리시는 창조주 하나님은 시공간 안에 묶여 있는 우리 피조물들이 결코 존재할 수 없는 방식으로 영존하시는 하나님이다. 하나님에게는 아예 시작도 없고 끝도 없다. 그렇기 때문에 우리가 아무리 오래 산다고 할지라도 하나님의 그 깊은 무한까지 절대 도달할 수 없다. 그런 무한하신 하나님이시기에 그분의 무한한 아름다우심과 한량없는 지혜와 선하심으로 인하여 하나님에게서 나오는 항상 새롭고 충만한 복으로 언제나 우리를 더 풍성하게 채워 주실 수 있다. 우리가 얼마나 오랫동안 그리스도인으로 살았든지 관계없다. 우리가 하나님을 예배할 때마다 그분 안에는 항상 새롭게 발견할 것이 많고 누릴 것이 계속해서 쏟아져 나온다. 우리는 계속해서 그런 무한한 복을 경험하게 된다. 우리는 과거에도, 현재에도 그리고 미래에도 그런 하나님을 예배하는 것이다.

이 사실은 죽음 너머의 우리 삶에서도 마찬가지일 것이다. 우리는 새 하늘과 새 땅을 마치 이 세상과 비슷한 경험의 세계, 단지 훨씬 더 나은 수준의 신세계 정도로 생각하는 경향이 있다. 어쩌면 우리가 그런 식으로 생각하기 때문에 영원한 삶이 지루하고도 기나긴 시간으로 느껴지는 것이다. 우리가 경험하는 이 세계는 유한하다. 이 세계에서 우리의 흥미나 관심사나 재미들은 모두 다 필연적으로 소진하게 된다. 하지만 영원한 그곳은 다르다. 우리는 이 세상 모든 피조물들의 아름다움과 경이로움이 가리키고 있는 그분, 만물의 창조주 하나님께로 시선을 돌려야 한다. 우리가 누리는 영생의 가장 큰 축복은 바로 창조주 하나님, 영원하신 하나님, 우리의 생명이 되시는 하나님을 아는 것이다. 이 하나님을 신뢰한다면 장차 맞이할 우리의 영원한 삶이 마치 영혼의 길고도 어두운 티타임처럼 느껴질까 두려워할 필요가 없다. 헤어나올 수 없는 무한한 지루함 속으로 빠져들까 염려할 필요가 없다. 우리가 누리고 맛보게 될 하나님의 선하심이 끝없이 무한하기 때문이다. 우리는 그 끝에 다다를 수 없다. 하나님을 아무리 충만히 경험하고 그 영광을 함께한다고 하더라도 유한한 피조물인 우리가 무한하신 창조주 하나님의 전부를 다 누릴 수는 없다. 무한하신 하나님은 영원토록 우리의 마음을 사로잡으실 것이다. 하나님은 끝없이 매력적이시며 우리는 영원토록 그분에게 매료될 것이다. 이 사실을 깨닫는다면 지금까지 우리가 상상했던 영원한 삶이 무한히 더 경이롭고 놀라운 차원이 될 것임을 헤아려 볼 수 있을 것이다.

죽음 너머의 불멸의 삶을 견딜 수 없을 거라는 염려 때문에 잠 못 이루는 사람은 없을 것이다. 하지만 오늘밤 잠자리에 들면 다시는 깨어나지 못할 것이라는 두려움 때문에 잠을 못 이루는 사람은 제법 있다. 그런 사람에게 하나님의 '불멸성'이라는 진리는 소망의 확실한 근거가 된다. 항상 살아계신 분으로서 하나님은 우리에게 영원한 삶을 주실 뿐 아니라, 그 하나님으로 인해 우리의 삶이 충분히 살아볼 만한 가치가 있음을 확신할 수 있기 때문이다.

> 내가 볼 때에 그의 발 앞에 엎드러져 죽은 자 같이 되매 그가 오른손을 내게 얹고 이르시되 두려워하지 말라 나는 처음이요 마지막이니 곧 살아 있는 자라 내가 전에 죽었었노라 볼지어다 이제 세세토록 살아 있어 사망과 음부의 열쇠를 가졌노니(계 1:17-18).

////////// **은혜의 선택 4 : 홀로 고통을 겪으시고 죽으신 하나님** //////////

으스스한 침묵이 흐르고, 주위에는 고요함이 내려앉은 것 같았다. 침묵은 전염성이 있는지 한동안 아무도 입을 열지 않았다. 우리는 태양의 일식이 일어나는 동안 콘월(Cornwall)의 서쪽 끝에 있는 마우스홀(Mousehole)이라는 오래된 어촌 마을의 인근 해안 절벽 꼭대기에 앉아 있었다. 그것은 무척 신비스런 광경이었다. 우리는 개기일식의 정확한 진행 경로에 있지 않았다. 그래서 한밤중이라기보다는 다소 이른 저녁처럼 느껴졌지만, 벌건 대낮에 그런 어스름한 일식을 경험하는 것만으로도 오묘한 기분이 들기에 충분했다. 달이 잠시동안 태양빛을 차단할 수 있는 적절한 거리에 위치하는 일종의 자연 현상이었음에도 나에게는 초자연적인 느낌으로 다가왔다. 그런데 그 경험이 나에게 훨씬 부자연스러운 오래전 사건 하나를 떠올리게 했다.

약 2천 년 전 어느 유월절 금요일, 한낮의 정오 시간에 예루살렘에 어둠이 내렸다. 일식 현상은 아니었다. 유월절 절기는 언제나 일식이 불가능한 보름달 시기에 열렸다. 그럼에도 불구하고 지상에는 무려 3시간 동안 깊은 흑암이 짙게 내려앉았다. 하지만 이것보다 훨씬 더 부자연스러운 일이 있었다. 그 사건 이후로 모든 교회는 하나님의 아들이 그 어둠의 순간에 친히 십자가에 달려 고통을 겪고 죽으셨다는 사실을 가르쳐 왔다. 고통을 겪을 수 없고 죽을 수도 없는 하나님의 본성을 지니신 그분이 그럼에도 불구하고 자신의 생명이 점점 고갈되는 것을 느끼면서 땅과 하늘 사이에 매달려 계셨던 것이다.

보이지 아니하시는 하나님께서 우리 가운데 한 사람으로 나타나셨다는 것도 경이로운 신비인데, 그분이 흑암 속에서 비참한 십자가에 달려 돌아가셔야 했다는 사실은 더 경이롭고 놀라운 신비가 아닐 수 없다. 유대 땅의 뜨거운 태양빛 대신 찾아온 짙은 어둠은 우주 역사상 가장 기이한 순간이었다. 신이 죽임을 당했다. 하나님께서 죽으셨다.

이후로 초대 교회 그리스도인들은 이 사건의 신비를 어떻게든 설명하고자 애를 썼다. 이 사건의 이상한 점을 어떻게든 설명할 수 있는 대화 방법을 찾는 것이 중요해졌다. 이 죽음은 분명 일어날 수 없는 불가능한 일이었다. 하지만 자기 백성을 대하시는 하나님의 마음에는 이 죽음이 현실로 나타나야만 했다. 우리가 이것을 이해할 방법은 무엇인가? 우리는 정말로 하나님께서 십자가에서 죽으셨다고 말할 수 있을까?

4세기에 걸쳐 교회에서 벌어진 긴 논쟁 끝에, 이집트 알렉산드리아(Alexandria, 당시 기독교 세계의 신학적 수도라고 주장할 수 있는 세 개의 도시 가운데 하나)의 위대한 신학자 시릴(Cyril)은 이 질문에 "그렇다"라고 대답했다. 우리가 예상할 수 있듯이, 이 논쟁은 예수 그리스도의 두 본성, 즉 그분의 신성과 인성이 하나의 인격 안에 연합되어 나타난 것과 관련된다. 시릴은 이렇게 주장한다. "하나님의 말씀은 본질상 썩지 아니하시는 영원한 불멸의 말씀이시지만, 바울이 언급했듯이, 그 육신의 몸은 하나님의 은혜로 말미암아 모든 사람을 위하여 죽음을 맛보았으며, 따라서 그가 친히 우리를 위하여 죽음의 고통을 겪으셨다고 말할 수 있다."[33] 다른 말로 하면, 십자가에서 고난을 받고 죽으신 그 육체는 참으로 그분의 몸이기 때문에, 하나님은 그 영원한 신성으로 인하여 본질상 죽으실 수 없음에도 불구하고, 여전히 우리는 "하나님이 죽으셨다"고 말할 수 있다는 것이다.

이와 비슷한 시기에 신학적으로 알렉산드리아와 견줄 만하던 도

---

33 Cyril of Alexandria, "The Epistle of Cyril to Nestorius," in *A Select Library of the Nicene and Post-Nicene Fathers of the Christian Church*, Vol. 14, ed. Philip Schaff and Henry Wace, trans. Henry R. Percival, Second Series (Charles Scribner's Sons, 1900), p 198.

시 로마의 한 성직자도 이와 비슷한 주장을 했다. 예수 그리스도는 "인성과 신성의 어느 한 쪽도 침해되는 것 없이" 완전한 사람이시며 완전한 하나님이시다.

> 우리의 형편에 따른 모든 죗값을 대신 치르기 위하여, 불가침의 [불변의] 본성이 고통을 겪을 수 있는 피동적 [가변적, 특히 고통에 종속되는] 본성과 연합하였다. 그리하여, 우리가 처한 현실의 필요에 따라, 하나님과 사람 사이의 유일하시고 동일하신 중보자시며, 인자이신 예수 그리스도께서 그분의 인성으로는 죽으시고 또한 신성으로는 죽지 않으실 수 있었던 것이다. 그러므로 참 사람의 온전하고 완전한 본성 안에서, 그분 자신의 것에 완전하시고, 우리 자신의 것에 완전하신, 참 하나님이 나셨던 것이다.[34]

다른 식으로 말하면, 예수님의 두 본성은 함께 섞이거나 서로 혼합되는 것이 아니다. 오히려, 그 두 본성은 하나의 인격에 모두 속하여 있고, 우리를 위해 죽으시고 부활하신 그분이 바로 그 인격인 것이다. 죽으신 이는 하나님이 맞다. 그러나 그분은 인간으로서 죽으셨다.

이 모든 논의가 결코 공허한 신학적 논쟁의 결과물이 아니다. 위에 인용된 글을 쓴 저자들은 교회의 감독들이었으며, 각자의 지역에

---

34 Leo the Great, "Letters," in *A Select Library of the Nicene and Post-Nicene Fathers of the Christian Church*, Vol. 12a, ed. Philip Schaff and Henry Wace, trans. Charles Lett Feltoe, Second Series (Christian Literature Company, 1895), p 40

서 그리스도인들을 목양하면서, 각자의 지역 너머로까지 기독교 신앙 교육을 위해 힘썼던 인물들이다. 이들의 관심사는 하나님의 백성들이 "그리스도와 그 부활의 권능과 그 고난에 참여함"을 알아가도록 돕는 데 있었다(빌 3:10). 그들이 그토록 그리스도를 아는 일에 사람들이 매진하도록 힘썼던 것은, 그리스도가 십자가에서 죽으셔야 했던 이유에 대한 확신이 있었기 때문이다. 간단히 말하면, 예수님의 십자가 죽음은 그분이 완전한 하나님이자 동시에 완전한 사람이기 때문에 우리에게 구원을 가져다 준다는 것이다.

알렉산드리아의 주교인 아타나시우스(Athanasius)가 이와 관련한 또 다른 고전적인 연구를 남겼다. 그는 다양한 언어로도 번역 출간된, 〈성육신에 관하여〉(On the Incarnation)에서 하나님께 일종의 딜레마가 되는 요인으로 인간의 죄 문제를 다루었다.

아타나시우스는 창세기 2:17의 금단의 열매를 먹지 말라는 경고 속에는 약속 하나가 포함돼 있다고 설명한다. "네가 먹는 날에는 반드시 죽으리라." 그러므로 아담과 하와가 선악을 알게 하는 나무의 열매를 먹었을 때, 그 약속 또한 이루어져야 했다.

그러면 이제 무슨 일이 일어나야 하겠는가? 두 가지가 가능하다. 첫째, 사람이 죄로 인해 반드시 죽어야 한다는 자신의 말씀에 하나님께서 스스로 거짓말쟁이가 되시는 것이다. 그리고 범죄한 인간을 그대로 살게 두셔야 한다. 참으로 소름끼치는 일이 아닐 수 없다. 둘째,

그게 아니라면, 말씀이신 하나님과 더불어 동거하던 인간이 타락으로 인해 존재 자체가 소멸하는 무(無)의 상태로 가라앉아 버려야 할 것이다. 하지만 이 또한 마땅하지가 않다. 그러면 사람을 창조하시던 하나님의 본래 계획이 좌절되는 것이기 때문이다. 가장 말도 안 되는 일이다.[35]

어느 방식으로든, 결과는 마치 하나님께서 실패자가 되시는 모양새가 된다. 하나님께서 자신의 약속으로 하신 말씀을 파기해야 할 상황이 된 것인데, 그럴 경우 하나님 자신의 본성을 부정하는 것이 된다. 그렇지 않으려면, 하나님은 반드시 그 약속('네가 먹는 날에는 반드시 죽으리라')을 지켜야 하는데, 그럴 경우 하나님의 형상으로 창조된 인류는 멸절을 당하게 된다는 것이다.

그러므로 하나님의 아들("그 말씀")의 성육신 사건은 아타나시우스에게 죄 문제에 대한 하나님의 가장 탁월하고 아름다운 해결책이었다.

> 이러한 이유로 …[그] 말씀께서 …스스로 죽음에 능한 육신을 입으사, 모든 만물 위에 뛰어나신 그 말씀의 또 하나의 동반자로 존재하심으로, 죽음 안에 있는 모든 자의 대리자가 되기에(그 형벌을 변제하

---

35 Athanasius of Alexandria, *Athanasius: On the Incarnation of the Word of God*, trans. T. Herbert Bindley, Second Edition Revised (The Religious Tract Society, 1903), p 23.

기에) 충분하게 되셨다. 그리고 내주하시는 말씀을 통하여 썩지 아니할 것으로 유지되셨으며, 그리하여 그 부활의 은총으로 말미암아 장래에 모든 썩어질 것이 중단되고 마는 것이다.

예수님이 우리 중 하나와 같이 되지 않으시는 한, 그분은 죽음으로써 우리 죄의 결과를 감당하실 수가 없다. 또한 예수님이 하나님이 아니시면, 그분은 우리를 위해 죽음을 극복하실 수가 없다. 우리에게 너무나 감사하게도, 예수님은 참 하나님이자 참 사람이셨다. 그러므로 예수님께서 자신의 죽음을 통해 이루신 것은 다름 아닌 죽음 그 자체의 멸망이었다.

흠없는 희생제물로 취하신 자신의 육신을 죽음에 내어주심으로써, 그분은 지체없이 죽음을 제거하셨다. 자기의 모든 동류들에게 부과된 죽음을 그에 상응한 것을 내어주심으로써 없이 하셨다 …그러므로 만물의 주인이시며 구원자이신 하나님의 아들이 우리 가운데로 내려와 죽음을 종식시키지 않으셨다면 인류는 철저히 멸망하고 말았을 것이다.[36]

아타나시우스의 요점은 간단하다. 죽음과 관련한 하나님의 말씀

---

36 Athanasius of Alexandria, *Athanasius: On the Incarnation of the Word of God*, trans. T. Herbert Bindley, Second Edition Revised (The Religious Tract Society, 1903), p 57-58

은 반드시 성취되어야 했다는 것이다. 예수님은 자신의 백성, 그분의 동류들에게 요구되었던 죽음을 대신 겪으셨다. 그리하여 예수님은 우리를 영원한 생명으로, 본래 인간이 누려야 했던 하나님과의 참 생명으로 회복시켜 주실 수 있었다.

이것이 그리스도의 죽음과 부활과 승천과 더불어, 예수님의 탄생 기사가 기독교 전체 이야기에서 핵심을 차지하게 된 이유이다. 그리스도인에게 있어서 이 사건은 모든 인류 역사의 문을 열고 닫는 경첩과 같은 것이 되었다. 그리스도의 탄생은 그분이 참된 인성을 취하심을 의미하며, 그리스도의 죽음은 그가 인류가 저지른 반역의 치명적 결과를 감당하셨음을 의미한다. 그리스도의 부활과 승천은 우리를 위한 그분의 승리를 확신하게 하고, 그분이 약속하신 영생의 소유를 확신하게 하며, 더 나아가 만물을 자기에게로 회복시키시는 그리스도의 권세를 확신하게 한다.

이 모든 일을 성취하시는 과정 속에서, 본래 외로우실 수 없는 하나님께서 홀로 외롭게 죽으셨다. 예수님의 친구들과 제자들은 그분을 버리고 달아났다. 임박한 죽음의 고통 속에서, 그분은 완전히 버려진 상태로 외롭게 울부짖으셔야 했다. "나의 하나님, 나의 하나님, 어찌하여 나를 버리셨나이까"(마 27:46).

이 몸서리치는 순간의 장면은, 자신이 하나님에게서 끊어지고 버림받게 될까 늘 두려움에 시달렸던 찬송시 작가 윌리엄 카우퍼(William Cowper, 1731-1800)의 생애를 상고하던 여류시인 엘리자베스

배럿 브라우닝(Elizabeth Barrett-Browning)에게 큰 영감을 주었다.

베럿 브라우닝의 시, 〈카우퍼의 무덤〉(Cowper's Grave)의 마지막 대목은 십자가에 못박힌 예수님이 맞이하신 쓸쓸하고 황폐한 고독을 연상케 한다. 그녀의 시는 마지막 때에 자신이 하나님의 은혜를 받을 자격이 없는 것으로 드러나 결국에는 하나님으로부터 버림을 받게 될까 홀로 두려움에 떨고 있는 모든 사람에게 믿음의 위로와 용기를 전한다.

버려지다니! 누가 상상이나 했을까;
어둠 속에 그 십자가 놓였을 때
희생자의 숨겨진 얼굴에 사랑이 드리우지 않을 것을,
간절히 뻗은 그 손길조차 속죄의 핏방울이 외면할 것을,
영혼을 씻겨낸 그 눈물은 무엇이기에
그는 버림 당해야만 했는가

버려지다니! 하나님께서 정녕
자신의 본질에서 분리되셨단 말인가
아담의 범죄가 공의로우신 아들과 아버지의 사이를 휩쓸었으니
아, 실로, 고아 된 임마누엘이여,
그 단번의 부르짖음에 그의 우주가 흔들리고—
응답 없이 울리는 외마디, "나의 하나님, 내가 버려지나이다!"

자신의 잃어버린 피조물들 가운데 계신
거룩하신 자의 입술에서 나오는 그 외침,
하지만 잃어버린 바 된 자들의 어떤 아들에게서도
이제 그 '버림받았다'는 단어는 더 이상 나오지 않으리
모든 희망을 망쳤던 이 땅 최악의 광인들도,
그 소망의 결실을 이제 결코 망칠 수 없으리,
그리고 나, 카우퍼의 무덤 곁에서,
환희로 가득 찬 그 얼굴을 환상 중에 보리라

본질상 외로우실 수도 없고 죽으실 수도 없는 하나님의 아들이 인간이 되셔서 홀로 외롭게 죽으셨기 때문에, 그분의 백성인 우리는 모든 인간에게 마땅히 주어지는 결정적인 최후의 죽음이라는 두려운 현실에 직면하지 않게 되었다. 이것이 그리스도 예수 안에 있는 하나님의 영원한 사랑이다. 우리가 이 사랑을 정말로 믿는다면 그 안에서 숙면을 취하지 않을 수 있겠는가?

10. 하나님은 악에게 시험 받으실 수 없다

아일랜드의 시인이자 극작가 오스카 와일드(Oscar Wilde)는, 그 특유의 위트와 비꼬는 듯한 언어유희로도 잘 알려져 있다. 비유와 패러독스 등으로 가득찬 그의 글을 읽노라면 경솔해 보일 정도로 가벼워 보이지만, 겉으로 드러난 것보다 훨씬 어둡고 날카로운 의미가 깊이 감춰져 있곤 하다. 그가 남겼다는 마지막 말은 이렇다. "이 벽지와 나는 목숨을 건 결투를 벌이고 있어. 이 벽지가 가거나 내가 가거나 둘 중 하나야." 또 다른 발언 가운데 하나로, 전 세계의 티셔츠에도 인쇄되었던 문구가 있다. "나는 모든 것에 맞설 수 있다. 유혹만 아니면." 어느 중독자의 안타까운 고백처럼 들리기도 하고, 난봉꾼의 가볍고도

무책임한 변명으로도 들린다. 어떤 식으로 해석하든 이 문구에는 유혹에 빠지는 자신의 책임을 회피하려는 면피성 의도가 담겨 있다. "나도 노력했습니다. 하지만 결국에는 어쩔 수가 없더라고요. 그 유혹이 내게는 너무 강력했단 말입니다!"

이 주제를 하나님과 관련하여 생각해 보자. 하나님은 물론 유혹에 넘어가지 않으실 분이다. 하지만 단순히 우리보다 훨씬 강한 의지로 유혹에 맞서 승리하시는 방식이 아니다. 하나님은 애초에 시험(유혹) 자체를 받지 않으신다. 앞으로 다루겠지만, 이 사실을 분명히 아는 것은 우리가 밤에 숙면을 취하는 데에도 물론이거니와, 우리가 시험과 유혹을 받을 때에도 큰 도움이 될 수 있다.

그 전에 먼저 '유혹/시험'(temptation)이 정확히 무엇을 의미하는지 정의할 필요가 있다. 우리가 이 단어에서 주로 떠올리는 개념은, 어쩌면 TV 광고에서 보는 아이스크림 혹은 그보다 자극적인 선정적인 것과 연결된다. 대개는 금지된 쾌락에 대한 강력한 욕구를 불러일으키는 것이라고 할 수 있다. 하지만 성경을 주의 깊게 읽는 사람들에게는 이 '시험'이 훨씬 더 광범위하고 복잡한 개념으로 다가온다. 그것은 단순히 쾌락을 보장한다는 거부하기 힘든 손길을 가리키기보다 우리의 신앙과 성품에 위협을 가하는 모든 시련을 포함한다. 요셉이 보디발의 아내에게서 유혹을 받았을 때 우리는 그것을 시험이라고 부르지만, 더 나아가 애굽을 탈출한 이스라엘 백성들이 자신들에게 약속된 땅에 가공할 만한 대적들이 살고 있다는 사실을 알았을 때에도 우리는 그들이 시험에 직면했다고 말하게 된다. 우리에게 시험은 삶의 여러 측면에서 다양한 양상으로 나타난다.

삶의 온갖 상황과 형편에서 우리가 시험 받을 수 있다는 사실에 대해 잠언의 저자도 이미 인정한 바 있다. 그는 이렇게 기도한다.

> 곧 헛된 것과 거짓말을 내게서 멀리 하옵시며 나를 가난하게도 마옵시고 부하게도 마옵시고 오직 필요한 양식으로 나를 먹이시옵소서 혹 내가 배불러서 하나님을 모른다 여호와가 누구냐 할까 하오며 혹 내가 가난하여 도둑질하고 내 하나님의 이름을 욕되게 할까 두려워함이니이다(잠 30:8-9).

이 기도문은 내 통장에 '돈이 없을 때'와 마찬가지로 '돈이 넘칠 때'에도 변함없이 시험이 닥칠 수 있다는 사실을 인정한다. 그런 순간들은 결국 동전의 양면과 같다(괜한 말장난이 아니다). 부요한 때에 우리는 '자기-신뢰'의 유혹을 받는다. '수중에 이렇게 돈이 많은데, 굳이 하나님이 필요한가?' 마찬가지로 곤고한 때에도 우리는 하나님을 건너뛰고 나 자신을 의지하려는 유혹에 빠진다. 다만 이때는 남의 것을 탐하는 식으로 나타난다. 흥미로운 사실은 이런 유혹/시험과 관련하여 잠언의 저자가 자신을 이해하는 방식이 어떤 면에서는 오스카 와일드와 비슷하다는 점이다. 즉, 그는 자신이 유혹에 쉽게 굴복하는 경향이 있음을 이미 알고서 그것을 인정한다. 그래서 잠언의 저자는 자신이 애초에 어떤 시험에도 빠지지 않기를(즉, 부에 처하지도 않고 가난에 처하지도 않기를) 기도하고 있는 것이다.

나는 예수님께서 제자들에게 앞의 잠언과 똑같은 취지의 기도를 하라고 가르치셨다는 사실에 놀란 적이 있다. "오늘 우리에게 일용할 양식을 주시옵고 …우리를 시험에 들게 하지 마시옵고"(마 6:11-13). 실제로 유혹과 시험에 직면했을 때 우리는 어떻게 반응하게 될까? 나 개인적으로는 나 스스로가 얼마나 무력한지 알기 때문에 유혹을 피하는 것이 최선의 상책이라고 생각한다. 그리고 그 사실은 항상 나로 하여금 정신을 차리고 살도록 채근한다. 나는 우리 대부분이 이 부류에서 벗어나지 않으리라고 본다. 그렇지 않은가? 우리 대부분은 유혹에 취약한 존재들이다. 그렇다고 해서 유혹과 시험에 빠졌을 때 그 선택을 내린 우리의 책임이 어떤 식으로든 경감되지도 않는다. 우리는 단지 연약할 뿐이므로 유혹에 저항하기보다는, 가능하면 아예 처음부터 피하는 것이 훨씬 더 안전하고 유익하다.

왜 그런지에 대해, 그리고 하나님께서 시험 받으실 수 없음을 아는 것이 왜 우리에게 유익한지 살펴보기에 앞서, 성경에 기록된 최초의 시험에 대해 살펴볼 필요가 있다.

최초의 시험

아담과 하와는 우리가 단지 꿈에서나 그려볼 수 있는 세상에 살고 있었다. 에덴동산은 온갖 과실들이 풍성하고, 평안과 기쁨으로 가득한 낙원이었다. 그곳은 또한 분명한 한계가 그어져 있는 세상이었다. 동산 중앙에 절대로 열매를 따먹어서는 안 되는 나무가 하나 있었던 것이다. 그러나 그 한계는, 실제로는 그 아름다운 에덴에서도 가장 좋은 것이 무엇인지를 알리는 일종의 표지판이었다. 즉 에덴은 하나님이 다스리는 세상이라는 것이다. 에덴에서 최초의 인류가 누리는 최고의 축복은 그 하나님과 친밀한 관계를 맺고 그분의 피조물로서 살아가는 것이었다.

아담과 하와에게 찾아온 유혹은 다름 아닌 자신들을 만드신 창조주 하나님을 거부하라는 손짓이었다.

> 그런데 뱀은 여호와 하나님이 지으신 들짐승 중에 가장 간교하니라 뱀이 여자에게 물어 이르되 '하나님이 참으로 너희에게 동산 모든 나무의 열매를 먹지 말라 하시더냐' 여자가 뱀에게 말하되 '동산 나무의 열매를 우리가 먹을 수 있으나 동산 중앙에 있는 나무의 열매는 하나님의 말씀에 너희는 먹지도 말고 만지지도 말라 너희가 죽을까 하노라 하셨느니라' 뱀이 여자에게 이르되 '너희가 결코 죽지 아니하리라 너희가 그것을 먹는 날에는 너희 눈이 밝아져 하나님과 같이 되어 선악을 알 줄 하나님이 아심이니라' 여자가 그 나무를 본즉 먹음직도 하고 보암직도 하고 지혜롭게 할 만큼 탐스럽기도 한 나무인지라 여자가 그 열매를 따먹고 자기와 함께 있는 남편에게도 주매 그도 먹은지라(창 3:1-6).

여자와 뱀의 대화가 어떻게 시작되고 흘러가는지 주목해 보라. 우선 간교한 뱀은 하와에게 접근해 그녀가 하나님의 관대하심을 의심하도록 부추긴다. "하나님이 참으로 너희에게 동산 모든 나무의 열매를 먹지 말라 하셨니?" 이 질문에 대한 대답은 단호하게 "아니야!"로 끝나야 했다. 하지만 하와의 입에서 나온 대답은 그녀가 뱀의 생각을 이미 어느 정도 받아들였음을 보여준다. 하와는 하나님께서 "그 열매를 만지지도 말라"고 하셨다면서, 하나님의 말씀에 자신의 생각을 첨가해 넣는다(3절, 창 2:16-17). 이후부터는 모든 것이 내리막으로 치닫는다.

이제는 하나님께서 말씀하신 것과 그렇지 않은 것 사이의 줄다리기가 시작된다. 불순종의 결과는 죽음이라는 하나님의 약속의 말씀을 놓고서, 뱀은 하나님이 사실을 말하신 것이 아니라고 속삭인다. "너희는 결코 죽지 않을 것이야." 뱀은 하와를 안심시키고 설득한다. 뱀은 하나님께서 아담과 하와를 단지 통제하고 자신의 입지를 보전하기 위해 그들에게 한계를 정하셨을 뿐이라고 말한다. 즉, 하나님이 인간에게 가장 좋은 것은 주지 않고 혼자서 독식하기 원하신다는 주장인 것이다.

이 지점에 이르기까지 창세기에서 무슨 일들이 있었는지 떠올려 보라. 우주 만물이 생겨났고, 모든 것이 하나님의 말씀을 따라 그대로 이루어졌다. 하나님은 말씀하셨고 그때마다 말씀대로 이루어졌다. 그런데 아직까지 이루어지지 않은 것이 딱 하나 있었다. 그것은 바로,

선악을 알게 하는 나무의 열매를 먹으면 반드시 죽을 것이라는 말씀이다. 선악을 알게 하는 나무의 열매를 눈앞에 둔 인류에게 그 시점이야말로 절체절명의 순간이었다. 그때까지 모든 것이 말씀대로 이루어졌다면, 하나님의 말씀의 능력을 계속 믿을 것인가? 아니면 아직 증명되지 않은 간교한 뱀의 말을 믿을 것인가? 뱀의 주장처럼 과연 하나님의 말씀에 그 정도까지의 권능은 없는 것일까? 하나님의 말씀이 정확하게 다 성취되지 않을 수 있다는 뱀의 주장은 단지 하나님의 말씀의 말꼬리를 잡는 괜한 트집잡기 수준이 아니었다. 그것은 창조주이신 하나님, 그분의 '하나님 되심'에 근본적인 의문을 품게 하는 계략이었다. 게다가 뱀은 하나님이 마치 스스로에게만 관심이 있고 인류에게는 별 관심이 없는 이기주의자인 것처럼 암시하면서, 결국 창조주 하나님의 선하심에도 의문을 품게 만들었다.

하나님의 선하심과 하나님 되심

하나님의 '선하심'과 그분의 '하나님 되심'에 의심을 품게 하는 뱀의 전략은 우리 마음에 유혹과 시험이 작동하는 방식을 이해하는 데 통찰을 제공한다. 예를 들어, 우리가 거짓말을 하고 싶은 유혹을 느끼는 경우를 생각해 보자. 내 경우는, 사람들이 진실을 알고 나서 나를 좋지 않게 여길 것 같을 때 그런 유혹을 느낀다. 가령, 약속된 모임에 늦는다고 해보자. 나는 사람들이 뒤늦게 모임에 참석한 나를 보고 게으르다거나 약속을 가볍게 여기는 사람으로 결론짓도록 내버려두고 싶지 않다. 그래서 차가 막혔다거나 집에 급한 일이 생겨서 어쩔 수 없었다는 식으로 둘러대고 싶은 마음이 굴뚝 같아진다.

사람들에게 좋은 평판을 얻고 싶은 우리의 욕구는 자연스럽고 그 자체로 나쁜 것이 아니다. 잠언의 저자도 이렇게 말한다. "많은 재물보다 명예를 택할 것이요 은이나 금보다 은총을 더욱 택할 것이니라"(잠 22:1). 그러나 나의 욕구가 너무 강해져서 남을 속이면서까지 그런 선택을 한다면 뭔가 아주 잘못된 것이 분명하다.

그것은 내가 하나님을 어떻게 생각하는지에 대한 질문으로 다시 좁혀진다. 혹시 나는 나에 관한 평판(내가 약속을 가볍게 여기며, 사람들을 배려하지 않는다는 사실)이 사람들에게 알려지는 것을 무엇보다 두려워하지는 않는가? 그래서 하나님 앞에서 거짓말을 하고 하나님을 욕되게 하는 것보다 나의 실체가 드러나는 것이 더 큰일이라고 생각하는가? 그렇다면 나는 나에 대한 하나님의 생각보다 오히려 나에 대한 다른 사람들의 생각이 더 중요하다고 믿는 것이 아닌가? 그렇지 않다고 말하고 싶지만, 그러기엔 너무 자주 유혹에 흔들리곤 한다. 이렇듯 자주 내가 시험에 드는 근본적인 이유는 무엇인가? '오직 하나님만이 가장 중요한 분이다'라고 나 자신이 진심으로 믿지 못하는 까닭이다. 결국 나는 하나님의 '하나님 되심'을 마음 깊은 곳에서 의심하고 있는 것이다.

또 다른 경우를 예로 든다면, 하나님의 말씀이 나에게 금하고 있는 어떤 것이 있을 수 있다. 그런데 정작 나는 나 자신의 이익과 만족을 위해서는 그 금지된 것이 절실히 필요하다고 느끼는 것이다. 만일 내가 명확한 한계를 정해 두신 하나님의 선하심을 의심한다면 나는 그 유혹을 참을 수 없게 될 것이 분명하다. 주변에서 일어나는 여러 불미스러운 사건들을 생각해 보라. 얼마나 많은 사람들이 자신에게 온전한 만족감을 줄 것이라 착각하며 심각한 불륜을 저지르는가? 그 것이 파괴적이라는 사실을 오히려 자극적이라고 곡해하며 외면하지 않는가?

그러므로 이 세상에서 우리가 겪는 모든 유혹과 시험은 하나님의 '하나님 되심' 또는 하나님의 '선하심'에 대한 의심에 그 뿌리를 두고 있다(대체로 둘 다인 경우가 많다). 이 사실에 비추어 볼 때, 왜 하나님은 시험을 받으실 수 없는지가 분명해지기 시작한다. 이렇게 생각해 보면 쉽게 이해가 될지 모르겠다. 우리 가족은 가끔 친구네 반려견을 돌보곤 했는데, 그 개는 너무 성장 속도가 빠른 나머지, 수의사가 각별히 제한된 식단을 유지할 것을 신신당부할 정도였다. 만약 그 개가 스스로 원하는 만큼 계속 먹게 되면, 개의 골격에 심각한 문제가 생길 것이고, 결국 뼈가 탈구되거나 만성 통증을 겪게 될 것이란 진단이었다. 의학적으로 특별히 제한된 식단으로 인해, 이 불쌍한 녀석은 항상 배고픔을 느끼는 상태로 지냈다. 그 개를 데리고 산책할 때면 우리는 엄청나게 조심하고 신경을 써야 했다. 항상 배가 고프고 게걸스럽다보니, 이 녀석에게는 소똥조차도 거부할 수 없는 강한 유혹으로 다가왔다. 물론 나도 유혹을 받는 것이 어떤 것인지는 잘 알고 있다. 하지만 이 가련한 짐승이 도저히 참지 못하던 그 유혹(소똥)이 나에게는 전혀 유혹이 될 수 없었다. 오히려 그것은 정말 역겨웠다!

하나님께는 우리가 유혹으로 여길 수 있는 모든 것이 마치 방금 전의 그런 상황과 같다. 하나님의 거룩하고 선하신 본성에 반대되는 모든 것은, 무엇이든 하나님께 역겨운 것들이다. 그 유혹이 뭐든 간에, 하나님께서 그것을 자신보다 더 위대한 것인 마냥 떠받칠 이유가 있겠는가? 우리가 유혹을 받는 근본적인 이유는 하나님의 '하나님 되심'을 의심하고 그분의 자리에 다른 것을 올려놓았기 때문이다. 하나님께서 하나님 자신에 대해 의심하고 흔들릴 때가 있을까? 전혀 그렇지 않다. 마찬가지로, 하나님께 어떤 부족한 것이 조금이라도 있겠는가? 하나님께서 뭔가 선한 것이 부족하신 나머지, 불법적인 수단을 동원해서라도 그것을 얻어내고자 하는 유혹을 받으실 수 있을까? 당연히 그렇지 않다. 선하시고 완전하신 하나님께서 악의 유혹이나 시험을 받으려면 하나님 자신의 존재 자체를 거부해야 할 것이다. 그러므로 우리는 하나님이 자신이라는 존재를 결코 그치지 못하시는 것과 마찬가지로, 하나님의 완전한 선하심 또한 그칠 수 없다는 사실에 동의해야 한다.

이 진리가 우리에게 주는 유익

이제 이런 진리가 우리에게 어떻게 도움이 되는지 짐작할 수 있을 것이다. 우리는 하나님께서는 절대로 시험 받으실 수 없음을 반드시 기억해야 한다. 사실, 그것은 하나님께서는 언제나 변함없이 선하신 분임을 고백하는 또 다른 방식인 것이다. 또한 우리가 경험하는 많은 시험과 유혹이 결국 하나님의 선하심에 대한 우리의 의심에 근본 뿌리를 두고 있다는 점을 감안한다면, 하나님에게 시험이란 어떤 것인지 살펴보는 것도 도움이 될 수 있다.

예수님의 형제 야고보가 편지를 보낸 당시의 그리스도인들도 비슷한 상황에 놓여 있었다. 그들의 믿음은 역경과 박해로 혹독한 시험을 치르고 있었으며, 야고보는 그 위험성을 인지했다. 그들은 하나님에 관한 예전부터 전해온 오래된 거짓말을 이제는 자신들도 믿어야 할 때가 온 것이 아닌가 하는 시험에 빠지게 되었다. 그것은 다름 아닌, 하나님께서 자기 백성을 전혀 사랑하지 않는다는 거짓말이었다. 그래서 야고보는 시험의 근원에 대해 설명하고 그 치명적 결과에 대해 경고한 후에(약 1:13-15), 바로 다음과 같이 말을 잇는다.

> 내 사랑하는 형제들아 속지 말라 온갖 좋은 은사와 온전한 선물이 다 위로부터 빛들의 아버지께로부터 내려오나니 그는 변함도 없으시고 회전하는 그림자도 없으시니라 그가 그 피조물 중에 우리로 한 첫 열매가 되게 하시려고 자기의 뜻을 따라 진리의 말씀으로 우리를 낳으셨느니라(약 1:16-18).

인간에게는 자신의 운명이 끊임없이 변할 수 있다고 생각하는 경향이 있다. 종종 우리 인간은 그런 사실을 우리 주위의 창조 세계에서 관찰되는 여러 변화와 결합시키기도 한다. 인류가 그런 식으로 순응해 온 가장 오래된 신화 가운데 하나가 점성술이다. 즉, 태양과 달과 별 그리고 행성들의 움직임에 따라 우리의 운명이 정해진다는 개념이다. 물론 어떤 면에서는 아주 틀린 말이 아니다. 그런 천체의 움직임은 분명 우리가 경험하는 날씨와 계절을 변화시킨다. 그러나 하나님은 움직이고 회전하는 하늘의 천체와는 전혀 다른 존재시다(17절). 하나님과 그분의 백성과의 관계는 계절이나 날씨의 변화에 따라 영향을 받지 않는다. 우리의 하나님은 놀라우리만치 변함없으신 하나님, 불변하시는 하나님이며, 언제나 한결같이 선하시고 신실하신 하나님이다.

야고보의 말대로, 하나님은 변하지 아니하신다. 만일 그 하나님께서 우리에게 약속하신 새생명을 허락하셨다면, 우리가 누리는 그 생명은 영원하며 절대로 중간에 바뀔 수가 없다. 하나님은 우리가 어느 정도에 넘어지는지 혹은 안 넘어지는지를 시험해 보려고, 상황을 세게 밀어붙이시거나 혹은 강약을 조절해서 밀어붙이시는 분이 아니다. 그렇기 때문에 우리는 앞서 언급한 오스카 와일드의 견해에 동조할 필요가 없다. 우리가 유혹을 받을 때마다 암울한 결정론에 휩쓸려 어쩔 수 없는 것처럼 체념할 필요가 없는 것이다. 유혹과 시험의 배후에 마치 하나님의 거부할 수 없는 힘이 작용한다고 오해해서는 안 된다. 유혹이 닥쳤을 때, 하나님께서 '나를 타겟으로 삼으셨다'는 신호로 받아들여서는 안 된다. 하나님께서는 자기 백성을 아낌없이 사랑하신다. 이 사실을 분명히 아는 것은 유혹에 맞서 싸우는 데 큰 도움이 된다. 왜냐하면 결국 유혹은 어떤 식으로든 하나님이 그런 분이 아닐 것이라는 거짓말에 의존하기 때문이다. 우리가 처한 환경이 자꾸 그런 거짓말로 상황을 몰아갈 때마다, 우리가 날마다 욕망이나 두려움과 씨름할 때마다, 스스로에게 이렇게 말하라. "하나님은 분명히 나를 사랑하신다. 내가 이 모든 과정을 통과하는 것은 하나님의 복을 받는 길임이 분명하다!" 개인적으로 특히 자신이 자주 경험하는 특정 상황이 떠오른다면, 그럴 때마다 이 사실을 꼭 기억하라. 그리고 우리를 향한 하나님의 말씀이 진리임을 삶에서 입증해 보길 권한다.

다시 한 번 우리는 이 진리 덕분에 단잠을 청할 수 있다. "너희 안에서 착한[선한] 일을 시작하신 이가 그리스도 예수의 날까지 이루실 줄을 우리는 확신하노라"(빌 1:6). 하나님은 우리에게 항상 선하신 분이었고 우리 안에서 항상 선으로 행하셨으며 그런 사실은 앞으로도 영원히 변함없을 것이다. 우리는 하나님을 항상 신뢰할 수 있다. 날씨나 계절, 우리의 상황이 어떠하든지 우리의 하나님은 단 한 번도 변한 적 없으셨고, 창세 이래 지금까지 하나님의 약속도 변함이 없었다. 이 불변의 진리 안에서, 오늘도 변함없으신 그분 안에서 우리는 기꺼이 잠을 청할 수 있다.

11. 하나님은 거짓말하실 수 없다

코미디는 자기 자신에 대한 진실을 듣고 싶어하지 않는 이 세상에서 일종의 선지자적 검을 맘껏 휘두를 수 있는 특별한 힘이 있다. 그러다 보니 이 예술 장르는 우리가 기억할 수도 없는 옛날 옛적부터 있어 왔다. 중세 시대의 광대가 그렇다. 그들은 왕과 권력자들 앞에서 온갖 뼈 있는 말로 나팔을 불듯 요란을 떨 수 있었다. 일반 사람이 그랬다면 끔찍한 고문을 받고 단두대에서 목숨을 잃어야 했을 것이다.

내가 좋아하는 코미디언이자 각본가인 릭키 제바이스(Ricky Gervais)에게도 그런 특별한 재능이 있다. 비록 치밀하게 설정된 개성 넘치는 캐릭터(페르소나)를 통해서 연기하는 것이긴 하지만, 제바이스는 아무 거리낌 없이 불편한 말들을 내뱉고 달갑지 않은 진실을 폭로하기도 한다. 그래서였는지, 그가 각본을 쓰고 감독한 영화, '거짓말의 발명'(The Invention of Lying)이 개봉했을 당시 나는 기대감을 감출 수 없었다.

영화의 줄거리는 모든 사람이 항상 진실만을 이야기하는 가상의 세계를 배경으로 한다. 그러다 어느 날 인류 최초로 누군가 거짓말을 하게 되고, 그 순간부터 상황은 예기치 않은 방향으로 흘러간다. 관객에게는, 만약 그런 일이 없었다면 세상이 과연 어땠을지 생각해 보도록 숙제를 던진다.

거짓말 없는 세상은 꿈이 없는 세상일 것이다.
가식 없는 세상. 허구 없는 세상. 아첨 없는 세상.
그것은 우리의 현실에선 가능하지 않은 세상이다.

영화는 직설적으로 말하는 사람들 사이에서 발생하는 우스꽝스럽고 당혹스러운 상황들을 계속해서 연출한다. 등장인물들은 상대방에 관한 사적인 생각들을 당사자의 면전에서 곧이곧대로 말한다. 릭키 제바이스는 주인공 마크(Mark)역을 맡기도 했는데, 영화 속에서 그는 자신이 흠모하는 여성으로부터 둘 사이에 로맨틱한 관계는 꿈도 꾸지 말라는 차가운 답변을 듣는다. 그녀는 마크가 유머러스하고 함께 있기 좋은 사람임을 인정하면서도 이렇게 덧붙인다.

하지만 당신이 우리 자녀의 유전자 코드에 절반이나 기여하게 될 것이란 사실에는 변함이 없잖아요. 나는 들창코에 키 작고 뚱뚱한 아이는 원하지 않는단 말이에요.

나도 솔직하게 까놓고 말해 보겠다! 사실 나는 영화가 상상하는 이런 독특한 세계가 설득력 있다고는 전혀 생각하지 않는다. 본인 또는 타인에게 미칠 결과에 대한 배려 없이 마음에 떠오르는 생각을 있는 그대로 말하는 것과 진실하게 말하는 것 사이에는 엄연한 차이가 존재한다. 영화 속 설정은 관객들의 웃음을 끌어내기 위한 장치일 뿐이며, 이를 통해 릭키 제바이스는 사람들이 아무렇지 않게 여기는 수많은 위선적이고 부정직한 모습들을 콕콕 찔러댈 의도가 있었을 것이다. 영화는 세상에서 거짓말을 할 수 있는 유일한 능력자인 주인공 마크를 중심으로 전개된다. 그런데 영화의 이러한 기발한 스토리 이면에는 훨씬 더 미묘한 사상이 숨겨져 있다.

이 영화 속 세계에서는 '거짓말'이란 단어도 없고 그것이 무엇인지를 설명할 수 있는 용어 자체가 존재하지 않는다. 어느 날, 임종이 가까운 어머니 곁에 있던 주인공 마크는 괴로워하는 어머니의 모습에 어떤 식으로든 위로를 주기 위해 말을 꾸며댄다. 죽음을 눈앞에 둔 어머니가 이제 영원한 '무'(nothingness)의 세계로 들어가는 것이 아니라, 하늘의 영원한 '맨션'으로 들어가는 것이라고 둘러댄 것이다 ('너희는 마음에 근심하지 말라 …내 아버지 집에 거할 곳[킹제임스역에는 '맨션'mansions]이 많도다'라는 요한복음 14장의 말씀에 빗대어, 기독교의 천국은 불쌍한 사람들을 위로하기 위해 꾸며낸 거짓말이라고 비꼬는 것으로 보임-옮긴이). 이후 친구들 앞에서 마크는 사실 그 말은 자신이 죽어가는 어머니를 위로하기 위해 꾸며낸 말이었다고 고백한다. 그런데 영화 속 이야기에는 거짓말이란 용어가 없다보니, 마크가 자신이 했던 거짓말을 묘사하는 방법은, "실제로는 있지 않은 무언가를 말했어"라는 표현밖에 없었다.

그런데 이 영화의 프롤로그에서 거짓말하는 능력은 다음과 같은 현실을 낳는 것으로 묘사된다.

> …상상력, 스토리텔링, 종교, 그리고 "어머 살이 많이 빠졌네? 정말 놀라워" 같은 입바른 거짓말의 탄생 …

영화는 거짓말(진실이 아닌 것)이 실제로는 창조성과 문화 발전에 근본적인 요소가 된다는 주장을 관객들에게 넌지시 호소하고 있다. 즉, 거짓말은 참신한 방식의 (상상력으로) 사고하는 능력을 키워줄 뿐 아니라, (창의적으로 만들어낸 이야기로) 다른 사람들과의 긍정적인 관계를 형성하는 능력을 함양시킨다는 것이다. 영화 속 이런 세계관을 그저 헛소리로 치부하며 내치는 것은 별로 도움이 안 된다. 하지만 거짓말의 정의가 단지 영화 속 주장처럼, '실제로는 있지 않은 그 무엇을 상상하고 만들어 내는 능력'은 분명히 아니라고 판단한다면, 우리는 창조성(창의성)이란 정말로 무엇인지 고민해 볼 필요가 있다.

창조성과 하나님의 진실하심

이 영화는 그저 가벼운 코미디처럼 비칠 수도 있다. 그러나 영화의 각본, 감독, 주인공역을 모두 맡은 릭키 제바이스는 만만하게 볼 사람이 아니다. 그는 철학 전공의 학위 소유자일 뿐 아니라, 학계와 지식인들 사이에서 명성이 높은 전(前) 캔터베리 대주교 로완 윌리엄스(Rowan Williams)와의 논쟁에서 선전했던 이력도 있다. 그렇다. 릭키 제바이스는 구변 좋기로 소문난 완고한 무신론자이다. 이 영화에서 릭키 제바이스는 하나님에 대한 믿음에 대해, 마치 스스로에게 혹은 타인에게 어떤 힘을 행사하기 위해 진리를 전복시키는(즉, 거짓말하는) 인간 특유의 재능 없이는 생성 불가능한 그 무엇인 것마냥 취급한다. 그가 제안하는 바에 따르면, 하나님에 대한 우리의 믿음은 결국 인간의 자기 기만을 듣기 좋은 방식으로 희석한 것에 불과하다. 물론 그의 이런 주장이 전혀 새롭지는 않다. 그런데 여기서, 적어도 개인적으로 볼 때, 그나마 신선하게(?) 여겨지는 점이 있다면, 인간의 거짓말하는 능력을 인간의 '창조성'에서 필수적인 개념으로 본다는 것이다. 그런 그의 주장이 맞다면, 진리의 하나님을 '창조주'로 믿는 것, 또는 창조주를 '진리의 하나님'으로 믿는 것은 어불성설이고 얼토당토 않는 짓이 되고 만다.

그렇다면 우리가 우리의 창조주 하나님은 거짓말하실 수 없는 분이라고 단언하는 것은 정말 올바른 진술일까? 성경은 분명히 그렇다고 말한다. 아브라함과 이삭과 야곱의 하나님은 진리의 하나님이시다. "거짓 입술은 여호와께 미움을 받아도 진실하게 행하는 자는 그의 기뻐하심을 받느니라"(잠 12:22). 신약성경은 우리의 주님이 진실하신 분이라고 소개한다. 요한복음에서 예수님은 자신을 가리켜 스스로를 "진리"라고 말씀하신다(요 14:6). 예수님은 성령 하나님을 지칭하여, "진리의 영"이라고 말씀하신다(요 14:17; 15:26; 16:13). 그리고 성부 하나님을 예배할 때는 진리 안에서 그분을 예배해야 한다고 말씀하신다(요 4:23). 또한 우리 주님은 진리의 성령이 아버지께로부터 나오신다고 말씀하신다(요 15:26). 아버지의 말씀은 진리이며(요 17:17), 아버지는 진리에 대하여 증언하러 그 아들을 세상에 보내셨다(요 18:37). 서신서에 따르면, 하나님은 "거짓이 없으신 하나님"(딛 1:2)이고, "하나님[은] 거짓말을 하실 수 없는" 분이며(히 6:18), 오직 하나님만이 홀로 유일하게 진실하신 분 즉, "사람은 다 거짓되되 오직 하나님은 참되시다"(롬 3:4).

그런데 우리가 릭키 제바이스의 표현대로 "실제로는 있지 않은 무언가를 상상하고 만들어 내어 말하는 것"을 거짓말의 정의로 받아들인다면, 하나님이 거짓말을 하실 수 없다는 사실에 대해 의문의 여지가 남게 된다. 왜냐하면 성경의 제일 첫 장부터, 하나님이 실제로는 있지 않은 것들에 대해 말씀하시는 장면들이 가득하기 때문이다. 오직 흑암밖에 없는 상태에서 하나님은 빛을 말씀하시며, 오직 공허밖에 없는 상태에서 하나님은 생명을 말씀하신다. 하나님께는 현실의 실상과는 일치하지 않는 것들을 구상해 내고 아직 존재하지 않는 것을 말씀하시는 창조적 능력을 소유하고 계신 것이다.

그런 창조력이 일종의 거짓말하는 능력이란 말인가? 창세기 저자가 증언하는 바를 고려하면 결코 그렇지 않다. 하나님께서 매번 어떤 말씀을 선포하실 때마다 피조세계는 하나님의 말씀을 그대로 따르고 이는 현실에서 고스란히 반영된다. 창세기 저자는 그런 현실화 과정을 하나도 빠트리지 않고 세심하게 묘사해 간다. 하나님께서 "빛이 있으라"고 말씀하시면, 이에 갓 태어난 우주가 응답하여 거기에 "빛이 있었다." 하나님의 창조성은 그분의 진실하심에 대한 도전이기는커녕, 오히려 하나님의 진실하심이 갖춘 능력을 입증한다. 아직 존재하지 않는 것을 창조하심으로써 하나님의 지식이 얼마나 완전한지에 대해 앞서 살펴본 것처럼, 하나님은 아직 존재하지 않는 것들을 창조하심으로써 자신의 진실하심을 온전히 입증하신다. 이는 우리가 일반적으로 아는 정상적인 순서와 반대이다. 쉽게 말해서, 내가 무슨 말을 할 때 그 말이 진실이 되려면, 나의 말이 이미 존재하는 현실과 일치할 때라야 가능하다. 하지만 하나님께서 말씀하실 때 그분의 말씀이 항상 진실이 되는 이유는, 현실 자체가 하나님의 말씀에 즉시 복종하며 어떤 상황에서도 즉시 말씀대로 드러나기 때문이다.

진리와 선의 딜레마

그런데 지금까지의 이런 논의가 잘못하면 이상한 데로 흐를 수도 있다. 예를 들면, 윌리엄 오컴(William of Ockham)[37] 같은 중세 신학자들과 철학자들은 하나님의 선하심(그리고 그 안에 포함된 그분의 진실하심)이 단지 하나님의 권능에 대한 하나의 표현일 뿐이라고 주장하기까지 했다. 그러다보니, 만약 하나님께서 갑자기 새끼 고양이를 고문하는 것을 선한 일로 정하셨다면, 그것은 선한 일이 될 것이라고 주장하는 이들도 있었다(솔직히 말하면, 그들이 정확하게 이런 끔찍한 표현을 사용하지는 않았을 것이다. 아무튼 그들의 요점이 그렇다는 것이다).

결국 이 모든 것이 하나님은 악에 의해 시험 받으실 수 없다는 이전 장의 개념과도 관련된다. 또한 그것은 철학자 플라톤에 의해 이미 제기된 고대의 한 질문으로 압축된다.[38] 그 질문은 이런 식으로 표현될 수 있다. "선이란 것은 신이 그것을 그렇다고 정했기 때문에 선한 것인가, 아니면 실제로 그것이 선하기 때문에 선하다고 하는가?" 우리는 이것을 이렇게 바꿀 수 있다. "하나님께서 따르시는, 그분 자신이 아닌 외부의 어떤 표준이 있는가, 아니면 모든 것이 그분의 임의(의지)에 따르는가?"[39] 얼핏 이 질문은 우리에게 (어쨌든 둘 중 하나를 선택해야만 하는) 딜레마처럼 보인다. 하지만 이 딜레마 안에는 우리의 선택

---

37 '오컴의 면도날'(Ockham's Razor) 원리로 유명한 인물. 그 원리는 "가장 단순한 설명이 최선의 설명이다"로 종종 요약되곤 한다.
38 플라톤의 대화편 '에우튀프로'(Euthyphro)는 이 분야의 기본 교재로 간주된다.
39 여기서 우리가 '의지'(즉, '의지력' the faculty of will)로 번역한 라틴어 단어는 '아르비트리오'(arbitrio)이다.

지가 존재하지 않는다. 하나님께서 '진리'와 '선'을 대하시는 방식과 그 관계를 제대로 설명해 내지 못하기 때문이다.

  우리는 이렇게 말할 수 있다. 딜레마 속 두 진술 모두 동시에 참이긴 하지만, 다만 두 진술이 함께 묶여 있을 때만 그렇다. 하나님께서 어떤 것을 선하다고 하신다면, 그것이 본래 선하기 때문이기도 하지만 또한 동시에 하나님께서 그것이 선하다고 하셨기 때문이다. 그 이유는 하나님이야말로 '선'이 무엇인지를 규정하시는 분이기 때문이다. 하나님만이 홀로 선한 것과 진리에 대한 모든 주장을 판단하는 유일한 척도가 되신다. 하나님은 심지어 어떤 악한 것으로도 시험 받으실 수가 없는데, 이는 '선' 그 자체인 하나님이 그것을 막고 있기 때문이다. 마찬가지로 하나님은 '진리' 그 자체이시기 때문에 결코 거짓말을 하실 수 없다. 또한 진리이신 하나님이 행하시는 모든 일은 그 진리를 따라 행해지고, 참된 모든 것이 오직 그분에게서 나오기 때문에 하나님에게는 일체 거짓이 없으시다.

  영화 '거짓말의 발명'의 논리에 가장 큰 결함이라면, 인간의 창조성과 상상력의 기저에 거짓말하는 능력이 있다고 본 것이다. 만약 '실제로 있지 않은 그 무엇을 상상하고 만들어 내는 능력'이 인간에게 없다면 거짓말도 물론 할 수 없을 것이다. 그런 의미에서 보면, 그 둘 사이에는 어떤 관계가 존재하는 것도 분명하다. 그러나 창조성의 핵심은 거짓말하는 능력이 아니다. 창조성이 거짓말을 가능하게 만드는 필수 요소인 것은 맞지만 말이다. 거짓말은, 그렇게 사용하지 않았다면 선했을 특정 기능을 잘못 남용함으로써 초래된 결과물일 뿐이다.

모든 종류의 악 역시 그와 같은 결과물에 해당한다. 예를 들어, 성(性)적인 부분을 생각해 보자. 성 자체는 좋은 것이다. 번식 욕구는 인류에게 주어진 하나님의 명령을 그대로 반영한 현상이다. "생육하고 번성하여 땅에 충만하라"(창 1:28). 아담과 하와가 서로 합하여 '한 몸'을 이루는 것은 분명 타락 이전의 세상에서 나타나는 선한 것에 해당한다. 하지만 성적 충동은 악한 의도와 목적을 위해서도 쉽게 남용된다. 우리는 언론 보도를 통해 거의 매일 그 증거를 볼 수 있다. 예를 들어, 일상적으로 성폭력을 겪고 있는 여성들의 숫자는 매우 충격적이다. 이렇듯 모든 종류의 죄는 본래는 선한 특성이었던 것을 왜곡하거나 선한 특성 자체를 부정하는 요소가 어떤 식으로든 포함된다.

거짓말도 마찬가지로 적용된다. 말하는 능력 자체는 선한 것이다. 창조하고 상상하는 능력도 그 자체로는 선하다. 둘 다 하나님의 성품을 반영하는 것이 분명하다. 하지만 이처럼 선한 것조차도 악한 목적에 의해 비뚤어질 수 있다.

앞서 보았듯이, 세상은 거짓말로 인해 파멸로 치달았다. 거짓말은 근본적으로 폭력 행위이다. 예수님은 이렇게 말씀하신다. "마귀 …는 처음부터 살인한 자요 진리가 그 속에 없으므로 진리에 서지 못하고 거짓을 말할 때마다 제 것으로 말하나니 이는 그가 거짓말쟁이요 거짓의 아비가 되었음이라"(요 8:44). 예수님께서 거짓말과 살인(폭력, 파괴)을 함께 언급하셨다는 사실은 무척 흥미롭다. 그런데 현실에 존재하는 모든 것이 하나님의 진실된 말씀에 의해 생겨났음을 기억한다면, 진실하지 않은 말로 현실 속 무언가를 전복하려는 모든 시도는 근본적으로 파괴적이고 폭력적인 것으로 간주되어야 마땅하다.

그러므로 하나님은 거짓말하실 수 없다는 사실을 생각할 때, 우리가 다시 한 번 주목하게 되는 것은 하나님의 '선하심'이다. 하나님은 우리를 불공정하게 재판하지 않으시며 혹은 우리를 넘어뜨리기 위해 유혹하거나 시험하지도 않으신다. 하나님은 선하시기 때문이다. 그것과 마찬가지 이유에서 하나님은 절대 거짓말하지 않으신다. 이러한 하나님의 진실하심은 우리에게 생명과 모든 선한 것을 아낌없이 부어주시는 그분의 관대하고 선하신 성품의 특징이며 그 선하신 성품을 반영하는 표지판이기도 하다. 이 세상의 모든 이야기는 하나님께서 자신의 피조물에게 생명과 아름다움과 풍요로움을 주시는 것으로 시작한다. 그리고 하나님께서는 이 모든 선한 일들을 진리의 말씀으로 행하셨다.

약속에 맹세를 더하신 하나님

하나님은 절대로 거짓말을 하실 수 없다는 사실은 우리에게 개인적으로도 매우 중요한 의미를 갖는다. 하나님께서 거짓말하는 것은 완전히 불가능한 일이라고 증언하는 히브리서 6:18을 다시 묵상해 보라. 해당 구절을 포함한 본문에는 더 충격적인 사실이 담겨 있다. 저자는 구약에서 하나님이 아브라함과 그의 후손(믿음으로 아브라함의 후

손된 우리를 포함하여)에게 복 주겠다고 약속하신 사건을 언급한다. 그러면서 하나님께서 그 약속을 반드시 이행하실 것을 우리가 확신하는 이유를 함께 기술한다.

> 사람들은 누구나 자기보다 큰 분의 이름으로 맹세하며 그 맹세는 말한 것을 확정하여 모든 논쟁을 그치게 합니다. 이와 같이 하나님은 약속된 것을 받을 사람들에게 자신의 계획이 변경되지 않는다는 것을 확실히 보여주시려고 '맹세'로 그것을 보증해 주셨습니다. 하나님은 거짓말을 하실 수 없기 때문에 그분이 하신 '약속'과 '맹세'는 절대로 변할 수 없습니다. 그러므로 우리 앞에 있는 희망을 붙들려고 피난처를 향해 가는 우리는 큰 용기를 얻습니다. 우리가 가진 이 희망은 영혼의 닻과 같아서 튼튼하고 안전하여 휘장 안에 있는 지성소에 들어갑니다. 우리보다 앞서 가신 예수님은 우리를 위해 먼저 그 휘장 안에 들어가셔서 멜기세덱의 계열에 속한 영원한 대제사장이 되셨습니다(히 6:16-20, 현대인의 성경).

하나님은 결코 변하지 아니하고 흔들리지 아니할 약속, 그리하여 우리가 인생의 기반을 그 위에 견고히 세울 수 있는 약속을 선물로 주셨다. 어떤 사람들은 '약속이란 모든 것을 걸기에는 막연하고 불확실한 것이 아닌가'라고 반문하기도 한다. 실제로, 약속이 반드시 지켜질 것이라고 누가 장담할 수 있겠는가? 그러나 만일에, 정말로 전혀 거짓말을 하실 수 없는 하나님께서 자신의 약속을 보증하기 위해 자신의 이름을 걸고 맹세까지 하실 정도라면, 이보다 더 확실하고, 이보다 더 현실적으로 실현 가능한 것이 있겠는가? 아무리 상상해도 하나님의 단호한 맹세보다 더 신뢰할 수 있는 것은 없다. 하나님께서 자기 자신을 걸고 맹세하시는 모습은 하나님에 대한 무한한 신뢰의 선순환적인 특징을 보여준다. 그분의 말씀은 그 자체로 이미 우리에게 무한한 신뢰를 준다. 그런데도 하나님은 우리가 그분의 약속 안에서 더 확실한 안정감을 느끼길 원하신다. 그래서 이미 무한히 신뢰할 수 있는 하나님의 약속을 갑절로 더 무한히 보증하시는 것이다. 자기 이름을 걸고 맹세하신 하나님은 마치 이렇게 말씀하시는 것과 같다. "나는 이 정도로 무한히 신뢰할 수 있는 하나님이니 너희는 무한히 안심하라."

히브리서 기자는 구원과 관련된 하나님의 약속이 우리 영혼의 닻과 같다고 말한다. 우주비행사들이 '우주 유영'을 할 때, 우주공간으로 떨어져 나가지 않도록 묶어두는 특수한 밧줄을 상상해 보자. 그 밧줄이 든든히 연결되어 있는 한 그들은 모선으로 돌아갈 수 있다. 우주에서 임무 중인 그들은 아무 붙잡을 것도 없고, 아무 지지할 것도 없고, 안전하게 귀환할 도구도 없이, 광활한 우주공간에 둥실 떠 있는 것 같지만, 그들에게는 단단히 연결된 밧줄이 있다. 그 밧줄 하나 덕분에 그들은 우주 미아가 되지 않고 임무 수행 후 안전하게 복귀할 수 있다.

하나님의 약속의 말씀도 이와 같다. 인생에서 우리 자신이 그동안 신뢰했던 다른 모든 것이 다 무너진다 할지라도, 하나님의 약속이 있는 한 우리는 여전히 안전하다. 이 영혼의 닻이 우리를 하나님과 연결되게 하는 것이다. 글로벌 팬데믹, 기후 위기, 금융 위기 혹은 경제정책 실패 등, 이 세상의 그 어떤 변화와 위기도 우리 영혼의 닻을 끊을 수 없다. 혹시 이제껏 소중히 여기던 관계가 깨지고 말았는가? 직장에서 평판이 나빠졌는가? 혹은 학교생활이나 학업에서 실패했는가? 그 어떤 것도 우리를 우주 속 미아로 흘려보낼 수 없다. 예수 그리스도 안에 있는 하나님의 약속은 실패하지 않는다. 하나님은 자신이 하신 약속의 말씀에 자기 이름을 걸고 맹세까지 하셨다. 그렇기에 그 소망은 우리를 항상 붙들고 우리를 절대 놓치지 않는다.

모든 사람은 죽는다. 모든 인간은 언젠가는 깊고 어두운 공허, 즉 무덤에 눕게 될 것이다. 우리는 영원 속으로 들어가서 이 세상 너머의 현실을 마주하게 될 것이다. 이미 오래 전에 하나님께서는 가장 영광스러운 곳, 바로 하나님의 임재 앞에 우리를 위해 튼튼한 닻을 예비해 두셨다. 이 말은 우리를 위해 미래의 안전이 확보되었으므로, 오늘 이 순간에도 평안한 마음으로 안식할 수 있음을 의미한다. 바로 그것을 하나님께서 우리에게 약속하셨고 맹세까지 하셨다. 하나님은 거짓말 하실 수 없기 때문에 미래와 현재의 모든 실체가 반드시 그분의 말씀을 따를 것이다. 그렇다. 예수님이 계신 그 "맨션"에 우리도 함께 거할 것이다.

///////////// 은혜의 선택 5: 시험을 받으신 하나님 /////////////

코미디언 스티브 마틴(Steve Martin)은 이렇게 말했다. "누군가를 판단하기 전에, 상대방의 입장에서 먼저 생각해 보라(walk a mile in his shoes). 그렇게 하면 당신이 그를 판단할 때쯤, 1마일 떨어진 채로 그의 신발을 갖고 있게 될 것이다." 영어의 관용적 표현을 일종의 우스갯소리로 비튼 유머이다. 영어권 세계에선 진부한 표현으로 들리지만, 진부하다는 건 오히려 누구나 알 만큼 충분한 진실을 담고 있다는 뜻이기도 하다.

영어 문장 그대로를 해석하면 다른 사람의 신발을 신고 1마일을 걸어 보라는 말인데, 이는 다른 사람의 입장에서 그의 상황과 경험을 먼저 이해하지 않으면, 그가 내린 삶의 결정들을 제대로 해석할 수 없다는 점을 상기시킨다. 유익한 교훈이긴 하나 절대적 의미에선 실천 불가능한 일이기도 하다. 우리는 다른 사람이 된다는 것이 무엇인지 진정으로 알 수 없다.[40] 그렇기에 그 누구도 상대방에게, "당신이 어떻게 느끼는지 정확히 다 압니다"라고 주장할 수 없다. 그럼에도 불구하고 상대방의 입장이 돼보려는 노력을 통해 우리는 다른 사람이 어떤 경험과 감정 등을 갖고 있는지 이해하는 데 도움을 얻을 수 있다.

---

40 이 특정 질문에 대해 더 탐구하기 원한다면, 철학자 토마스 네이글(Thomas Nagel)의 소논문, "박쥐가 된다는 것은 어떤 것일까?"(What is it like to be a bat?)를 읽어보길 추천한다. Thomas Nagel, "What is it like to be a bat?" *The Philosophical Review*, Vol. 83, No. 4 (October, 1974), p 435-450.

그런데 우리가 삶에서 겪는 유혹과 시험을 놓고 생각할 때, 과연 거룩하고 완전하신 하나님께서 그런 것들을 제대로 이해하실 수 있는지 궁금하지 않을 수 없다. 이 부분에서 만큼은 하나님도 말문이 막히실 것 같지 않은가? 완전하셔서 그 무엇에게도 유혹과 시험 따위는 겪으실 수 없는 하나님, 거룩하셔서 어떤 방식으로든 오염되지 않으시는 하나님이 어떻게 결함투성이에다 온갖 것으로 쉽게 더러워지는 우리 인간을 제대로 이해하실 수 있을까? 그와 유사한 경험조차 결코 없으신 하나님이지 않은가? 이와 관련하여 우리는 예수님의 삶에서 매우 놀라운 사실들을 확인하게 된다. 예수님의 생애를 기술한 복음서 중에서도, 예수님이 마귀에게 시험을 받으시는 장면은 충격적이라고 할 수 있다.

대학생 시절에 한 친구가 은근히 약물을 권한 적이 있었다. 내가 싫다고 거절하자 그는 내가 기독교인이라는 사실을 떠올렸고, 그 후부터 나를 만날 때마다 종종 짓궂게 장난을 치곤 했다. 예수님이 광야에서 마귀에게 시험을 받으시는 장면을 언급하면서, "자, 한번 해봐! '천하 만국과 그 영광을' 맛보게 될 테니" 하며 놀린 것이다.

히브리서 기자는 예수님이 우리를 대신하여 시험 받으셨다는 사실을 지적하며 그 핵심 의미를 강조한다. 히브리서 2장에서는, "[예수께서] 시험을 받아 고난을 당하셨은즉 시험 받는 자들을 능히 도우실 수 있느니라"(히 2:18)고 말한다. 4장에서는 예수님이 "우리의 연약함을 동정"하신다는 즉, 공감하실 수 있다는 사실을 확인해 준다. "우리에게 있는 대제사장은 우리의 연약함을 동정하지 못하실 이가 아니요 모든 일에 우리와 똑같이 시험을 받으신 이로되 죄는 없으시니라"(히 4:15).

예수님은 유혹과 시험을 받는 우리의 형편과 어려움을 충분히 공감하실 수 있다. 예수님도 우리처럼 시험을 받으셨기 때문이다. 나중에 다시 살펴보겠지만, 여기서는 본질상 결코 시험을 받으실 수 없는 하나님의 아들께서 실제로 우리의 입장에서 우리가 겪는 유혹과 시험을 다 이해하신다는 사실에 초점을 맞춰 보려고 한다.

그런데 오스카 와일드(10장에서, 자신은 유혹만 빼고 다 거부할 수 있다고 말했던 인물)와 비슷한 심정이라면, 이렇게 되묻고 싶을지도 모르겠다. "그렇다고 쳐요. 하지만 실제로 예수님은 이해 못하실 겁니다. 그분은 한 번도 유혹에 넘어가지는 않았으니 말이죠." 그렇지 않다. 히브리서 저자가 우리에게 전하고자 하는 바는 그것이 아니다. 저자는 예수님이 광야에서 겪으신 시험이 우리가 겪은 그 어떤 것보다 훨씬 처절한 것이었음을 우리가 깨닫길 바란다. 왜냐하면 예수님은 결코 굴복하신 적이 없기 때문이다. 우리는 연약함을 핑계로 시험에 굴복하고 이런저런 이유로 숱하게 넘어진다. 그러나 우리처럼 인간으로 사셨던 예수님께서는 결코 단 한번도 시험에 굴복하지 않으셨다. 우리와 같은 인간이시되 시험에 굴복하지 않으시기 위해 그분이 감내하셔야 하는 고통은 우리가 상상하는 수준 이상이었을 것이다.

내게도 비슷한 경험이 있다. 가족들이 모두 학교와 직장일로 집을 비운 어느 날, 오후 늦게까지 나 혼자서 보내야 하는 상황이 생겼다(목회자라는 특성상 그런 때가 종종 생긴다). 시간은 많은데 딱히 정해진 일이 없어서 반나절 자전거를 타러 나갈까 고민하게 되었다. 지난 몇 달 동안 자전거를 탈 기회가 없었던 터라 꽤나 의욕이 솟았다. 여러 객관적 정황으로 볼 때 나의 결정은 정말 바보짓이었다. 영국의 아름다운 시골 풍경을 약 한 시간 정도 달렸을 때 내 몸도 그렇게 말하기 시작했다. 온몸이 땀에 젖고 시큼한 냄새가 피어올랐다. 허벅지는 타 들어가는 듯하고 심장은 더이상 페달질을 할 수 없다는 듯 방망이질을 했다. 당장 자전거 타기를 그만두고 가까운 기차역으로 달려가고 싶은 유혹이 몰려왔다. '자전거를 계속 탈 수 있을까? 이러다가 완전히 퍼지면 며칠 동안 절뚝이며 고생할 텐데.' 생각이 거기까지 미치자, 회귀본능이 강렬하게 작동하기 시작했다. 어떻게 그걸 참았는지 다시 생각해도 잘 모르겠다. 어느 순간부터 나는 아무생각 없이 페달을 밟고 있었다. 일종의 러너스 하이였던 것 같다. 집에 다다를 때까지 나는 남은 힘을 짜내어 페달질을 했고, 비록 맛이 간 상태였지만 천만다행히도 너무 늦지 않게 집에 돌아올 수 있었다.

만일 내가 그때 포기했다면, 그만두고 싶은 유혹에 대해서 더 많이 알 수 있었을까? 그렇지 않다! 포기하고 패배하는 것에 대해서는 더 잘 알게 되었을 것이다. 유혹의 가장 강력하고 완전한 힘은 유혹에 넘어갈 때가 아니라, 포기하지 않고 끝까지 견딜 때 비로소 경험할 수 있다. 자전거 페달을 밟을 때마다 그 유혹은 점점 더 심해졌다.

유혹이 나에게 내던지는 온갖 공격에 대해 정말로 알고자 한다면, 마지막 결승점에 도착할 때까지 계속해서 참고 견뎌야 하는 것이다. 예수님은 어떻게 하셨는가? "그가 시험을 받아 고난을 당하셨은즉"(히 2:18). 예수님은 유혹에 끝까지 저항하심으로써, 유혹이 지닌 가장 강력한 힘에 맞서셨다. 그렇기 때문에 예수님은 오스카 와일드나, 혹은 우리 중 그 누구보다 훨씬 더 유혹에 대해 가장 잘 알고 이해하신다.

그렇다면 예수님이 대면하셨던 유혹은 무엇이었는가? 앞서 언급한 나의 옛 대학 친구가 인용했던, 마태복음 4:1-11에서 우리는 예수님이 겪으신 시험이 구약에서 하나님의 백성들이 직면했던 전형적인 시험이었음을 보게 된다. 광야에서 예수님은 마귀와 대면하시는데, 이 마귀는 에덴동산의 아담과 하와, 그리고 광야의 이스라엘 백성에게 먹혀들었던 것과 똑같은 전략을 사용한다. 사탄은 예수님에게도 '먹을 것'을 이용해 불순종의 길로 꾄다.

> 그 때에 예수께서 성령에게 이끌리어 마귀에게 시험을 받으러 광야로 가사 사십 일을 밤낮으로 금식하신 후에 주리신지라 시험하는 자가 예수께 나아와서 이르되 네가 만일 하나님의 아들이어든 명하여 이 돌들로 떡덩이가 되게 하라(마 4:1-3).

예수님은 시험을 겪으시면서도 무엇이 가장 중요한지 정확히 알고 계셨다. "기록되었으되 사람이 떡으로만 살 것이 아니요 하나님의 입으로부터 나오는 모든 말씀으로 살 것이라 하였느니라"(4절).

아담이 실패했던 그 시험에서 예수님은 승리하셨다. 그 후에도 예수님은 계속해서, 아직까지 그 누구도 겪지 못한, 시험의 가장 어려운 단계로 들어가신다.

이에 마귀가 예수를 거룩한 성으로 데려다가 성전 꼭대기에 세우고 이르되 네가 만일 하나님의 아들이어든 뛰어내리라 기록되었으되 그가 너를 위하여 그의 사자들을 명하시리니 그들이 손으로 너를 받들어 발이 돌에 부딪치지 않게 하리로다 하였느니라 예수께서 이르시되 또 기록되었으되 주 너의 하나님을 시험하지 말라 하였느니라 하시니 마귀가 또 그를 데리고 지극히 높은 산으로 가서 천하 만국과 그 영광을 보여 이르되 만일 내게 엎드려 경배하면 이 모든 것을 네게 주리라 이에 예수께서 말씀하시되 사탄아 물러가라 기록되었으되 주 너의 하나님께 경배하고 다만 그를 섬기라 하였느니라 이에 마귀는 예수를 떠나고 천사들이 나아와서 수종드니라(마 4:5-11).

아쉽지만 여기서는 마태복음의 이 놀라운 기사를 자세히 들여다볼 여유가 없는 것이 사실이다. 하지만 예수님이 "시험 받으실 때 고난을 당하셨다"는 사실, 그래서 궁극적으로 그분이 우리를 긍휼히 여기시고 도우실 수 있다는 사실에 조금 더 확신을 더하는 부분에 주목해 보고자 한다.

예수님이 받으신 시험의 정점은 세상의 모든 권세를 얻는 것이었다. 우리가 아는 바, 예수님도 분명 이 권세에 관심이 있으셨고 실제로 이후에 그 권세를 받으셨다. 사도 바울은 빌립보 성도들에게 이렇게 쓰고 있다. "이러므로 하나님이 그를 지극히 높여 모든 이름 위에 뛰어난 이름을 주사 하늘에 있는 자들과 땅에 있는 자들과 땅 아래에 있는 자들로 모든 무릎을 예수의 이름에 꿇게 하시고 모든 입으로 예수 그리스도를 주라 시인하여 하나님 아버지께 영광을 돌리게 하셨느니라"(빌 2:9-11).

그런데 여기서 예수님이 정말 중요하게 여기신 것은, 예수님에게 부여되는 '그 무엇'이 아니라 '그 과정'이었다. 사탄이 제안한 것은 결국 쉽고 고통 없이 영광에 이르는 길이었다. 하지만 성부 하나님께서 예수님 앞에 정해 놓으신 그 길은 전혀 차원이 달랐다.

방금 인용한 빌립보서 본문은 "이러므로"(therefore)라는 단어로 시작한다. 그 앞의 본문에서 예수님이 높임을 받으시게 된 이유가 분명히 드러났다는 것이다. 그것은 무엇인가?

> 그는 근본 하나님의 본체시나 하나님과 동등됨을 취할 것으로 여기지 아니하시고 오히려 자기를 비워 종의 형체를 가지사 사람들과 같이 되셨고 사람의 모양으로 나타나사 자기를 낮추시고 죽기까지 복종하셨으니 곧 십자가에 죽으심이라(빌 2:6-8).

지극히 높은 산 위에서 예수님은 사탄으로부터 '십자가 없는' 왕국을 제안 받으셨다. 그러나 감사하게도, 우리 주님은 '십자가'를 택하셨다.

바로 그것이 예수님이 겪으신 시험의 핵심이다. 예수님은 시험을 받으실 때 몸소 고난을 당하셨는데, 가장 큰 시험은, 결국, 고난 받지 말라는 유혹이었기 때문이다. 히브리서 2장의 해당 본문은 이렇게 언급한다.

> 그러므로 그가 범사에 형제들과 같이 되심이 마땅하도다 이는 하나님의 일에 자비하고 신실한 대제사장이 되어 백성의 죄를 속량하려 하심이라 그가 시험을 받아 고난을 당하셨은즉 시험 받는 자들을 능히 도우실 수 있느니라(히 2:17-18).

예수님은 단지 시험을 겪어본 자로서 혹은 우리를 동정하는 이로서 우리를 도우실 수 있다는 것이 아니라, 시험을 받고 고난을 당하셨으되 끝까지 참으사 우리의 죄를 속량하신 대제사장으로서 우리를 도우실 수 있다는 말이다. 예수님은 그렇게 우리의 완전한 구원자가 되시고 우리 인류가 망쳐놓은 모든 것을 바로잡으신 분이다.

사도 요한과 개인적으로 친분이 있었던 폴리캅의 제자, 리옹의 주교 이레네우스(Irenaeus, Bishop of Lyons)는 예수님이 겪으신 시험과 관련하여 이렇게 기록했다.

[동산] 나무를 통해 들어온 죄가 순종의 나무로 멸하여졌다
하나님께 청종하신 인자께서 나무에 못 박히셨을 때 …
나무에 달리시고, 죽기까지 순종하신 그 순종으로,
그분은 나무에서 행해졌던 옛 불순종을 제거하셨다."[41]

    예수님은 자신의 완전한 순종이 아니면 인간의 죄로 인해 돌이킬 수 없게 망가져 버렸을 이 세상을 다시 회복시키기 위하여 극한의 시험과 고통을 견디셔야 했다. 예수님은 오직 우리와 함께 하실 영원한 기쁨에 시선을 고정하신 채, 그 모든 시험을 끝까지 참으셨다. 히브리서 기자는 이렇게 기록한다. "믿음의 주요 또 온전하게 하시는 이인 예수를 바라보자 그는 그 앞에 있는 기쁨을 위하여 십자가를 참으사 부끄러움을 개의치 아니하시더니 하나님 보좌 우편에 앉으셨느니라"(히 12:2).

    그러므로 믿음에서 떠나는 것 같은 큰 시험이든, 혹은 '의도치 않게' 세금을 누락하는 상대적으로 소소한 유혹이든 상관 없다.[42] 우리가 시험을 당하는 순간에, 자신이 유혹을 받고 있음을 깨닫는 순간에, 다음과 같이 대처하면 좋을 것이다. 가장 먼저, 우리는 하나님께서 우리가 현재 겪고 있는 모든 상황을 정말로 이해하신다는 사실을

---

41 Irenaeus of Lyons, *The Demonstration of the Apostolic Preaching*, trans. J. Armitage Robinson, D.D. (SPCK, 1920), p 100-101.
42 덧붙여 강조하자면, 나는 여기서 세금 누락이 그다지 심각하지 않은 잘못이라고 말하는 게 아니다. 단지 어떤 사람들의 양심에는 별 문제가 아닌 것처럼 여겨지는 일상에서의 문제를 한 예로 들고자 했을 뿐이다.

믿고 기도할 수 있다. 예수님은 우리가 유혹에 굴복하지 않으면서 끝까지 견디고 인내하는 것이 얼마나 힘든지 누구보다 잘 아신다. 지금까지 경험한 것보다 훨씬 더 고통스러운 시험과 마주하게 될지라도 반드시 예수님을 기억하라. 예수님은 우리를 되찾으시기 위해 이미 가장 고통스러운 그 길을 택하셨다. 우리 앞에 놓인 유혹의 달콤한 제안이 무엇이든, 우리를 위해 아들을 고난 한가운데 내던지실 만큼 우리를 사랑하시는 하나님을 기억하라. 우리의 아버지 되신 하나님이야말로 그 어떤 달콤한 유혹보다 우리에게 더 가치 있는 분임을 기억하라.

12. 하나님은 자기를 부인하실 수 없다

스파이 소설이나 첩보 영화를 좋아한다면 '번 노티스'(burn notice)라는 개념을 접해 본 적이 있을 것이다. 이것은 정보기관이 그동안 은밀한 관계를 이어오던 정보 요원을 더 이상 신뢰하지 못하고 오히려 위협이 된다고 판단해 그에게 모든 관계의 단절을 통보하는 일종의 '스파이계의 사형선고'와 같은 말이다. '번 노티스'를 통보받은 요원은 소속 정부나 정보기관으로부터 (자신들 소속이 아니라는) 부인/부정(disavowed)을 당하고 더 이상 어떤 지원도 받지 못한 채 홀로 남겨진다. '번 노티스'는 영화 '미션 임파서블'(Mission Impossible)을 비롯한 여러 소설과 TV드라마에서 줄거리를 보다 흥미롭게 만드는 훌륭한 장치로 사용되었다. 이것은 대개는 허구적 이야기에서 등장하지만, 실제 현실에서도 충분히 발생 가능한 일이다.

이 마지막 장에서 살펴볼 주제는 '부인/부정'(disavowal)이라는 개념이다. 바울이 디모데에게 쓴 두 번째 편지에서 "[하나님은] 자기를 부인하실 수 없으시리라"(딤후 2:13)고 말했을 때, 바울은 바로 이런 종류의 거부 또는 부인에 대해 말하고 있다. 요점은 하나님께서 하나님 자신에게 '번 노티스'를 통보하실 수 없다는 것이다. 너무 당연한 말처럼 들려서 갸우뚱할 수 있겠다. 하지만 이것은 지금까지 살펴본 하나님이 행하실 수 없는 열한 가지 것들 속에서 우리가 배웠던 하나님에 관한 지식을 다시 개괄해 주는 유용한 개념이다. 더 나아가, 그것은 지금까지의 모든 내용들이 실제로 우리가 밤에 단잠을 자는 데 어떻게 도움이 되는지를 더 잘 이해할 수 있게 한다.

우리는 오직 하나님만이 유일하게 필연적 존재이심을 배웠다. 하나님은 하나님이시기 때문에 존재하신다("나는 스스로 있는 자니라"). 하나님은 항상 살아계시는 분이다. 그분은 죽으실 수 없다. 그리고 하나님은 언제나 완전하신 분이다. 하나님에게는 더 나아져야 할 부분도 없고, 뭔가 결핍되거나 부족한 부분도 없다. 바로 이와 같은 하나님이시기 때문에, 하나님은 자기 자신을 부인할 수 없다는 것이다. 하나님은 자기를 부인할 수 없는 유일한 실재가 되시며, 하나님 외에 존재하는 모든 것은 바로 그분 때문에 존재한다. 그렇다면 하나님께서 자기를 스스로 부인하는 일이 생긴다면 그것은 현실의 모든 실재를 무너뜨리는 일이 되고 마는 것이다.

다행히도 그런 일은 일어나지 않는다. 그렇게 될 수가 없다. 이미 모든 지식이 자신에게 다 속해 있기 때문에 배우실 수 없는(즉, 배우실 것이 없는) 하나님께서는 가장 참된 존재(하나님 자신)가 실은 마치 허상이었던 것 마냥 행동하실 수 없는 것이다. 놀라실 수 없는 하나님은 결코 자신에 대한 스스로의 관점을 재고하게 만드는 어떤 새로운 상황과도 조우하실 수 없다. 설령 그런 일이 있을 수 있다고 치더라도, 하나님은 어쨌든 절대로 변개하지 아니하신다. 하나님의 마음을 바꿀 수 있는 것은 아무것도 없기 때문이다.

(육신이 없으시고 우주를 초월한 세계에 거하시기에) 우리 눈에 보이지 아니하시는 하나님은, 우리처럼 호르몬 또는 화학적 불균형을 겪으면서 자신을 외면하게 되거나 부정하지도 않으신다. 악을 차마 쳐다보실 수 없을 만큼 성결하신 하나님은 자신의 선하심을 결코 부인하실 수도 없다. 하나님의 선하심을 거부하는 것 자체가 악의 본질이기 때문이다.

이제 핵심을 간파했는가? 하나님은 언제나 자기 자신에게 진실하셔야 하며, 그 외에 다른 방식으로는 결코 존재하실 수 없다. 이것은 우리에게 지극히 좋은 소식임이 분명하다. 온갖 우연과 변화로 가득 찬 이 세상에서 무슨 일이 일어난다고 하더라도, 여전히 변함이 없고 항상 신뢰할 수 있는 더 심오한 현실이 존재한다는 의미이기 때문이다. 우리가 살아가는 이 세상이 종종 냉혹하고 차갑게 느껴진다고 하더라도, 변함없이 자비로우신 권능의 하나님이 우리 등뒤에 서 계신다. 그러므로 우리는 지금은 잘못된 모든 것들이 언젠가는 바로잡히게 될 것을 확신할 수 있다. 우리 인생의 대부분을 수놓는 거짓의 향연에도 불구하고 하나님의 진리는 반드시 입증될 것이다.

하나님에 관한 거대한 진리와 미미한 우리

물론 그것은 큰 그림이다. 하지만 우리의 삶은 매우 작은 조각 속 또 하나의 작은 조각에 불과하다. 그런데도 하나님에 관한 이 거대한 진리가 미미한 나에게 그리고 나의 삶에 유의미한 실체가 될 수 있을까? 하나님은 "자기를 부인하실 수 없다"라는 선포는 바울이 언급하는 "미쁘신 말씀"('신뢰할 만한 말씀', 'trustworthy saying' 개역개정. '미쁘다 이 말이여')에 포함되는 진술이다. 이것은 바울이 자신의 편지에서 주의를 환기시키기 위해 종종 사용하는 표현으로, 독자들이 반드시 잊지 말아야 하는 핵심 경구 같은 말씀을 상기시키는 것이라 할 수 있다. 해당 구절 전체를 천천히 음미해 보자.

> 미쁘다 이 말이여 우리가 주와 함께 죽었으면 또한 함께 살 것이요 참으면 또한 함께 왕 노릇 할 것이요 우리가 주를 부인하면 주도 우리를 부인하실 것이라 우리는 미쁨이 없을지라도 주는 항상 미쁘시니 자기를 부인하실 수 없으시리라(딤후 2:11-13).

바울이 강조하는 이 "미쁘신 말씀"은 세상이 우리에게 믿음을 포기하도록 강요하는 순간에도, 오히려 더 예수님을 계속 신뢰하고 믿어야 할 이유가 된다고 강조한다. 사실, 이 편지를 기록하던 당시에도 바울 또한 믿음의 큰 위기를 겪고 있었다. 바울은 예수 그리스도를 전했다는 이유로 수감된 상태였고, 그와 함께 했던 많은 사람들이 신변의 위협 때문에 바울과의 친분을 부인했다. 따라서, "우리가 주와 함께 죽었으면 또한 함께 살 것이요 참으면 또한 함께 왕 노릇 할 것이요"(11-12절)라는 바울의 표현은 고상한 척 하는 신학적 한담이 아니었다. 그것은 목숨을 내건 고백이며 생사를 가르는 권면이었다. 그 누구도, 그 어떤 상황도 그리스도께서 자기 백성을 위해 온전히 이루신 일을 절대로 빼앗거나 돌이킬 수 없다는 굳센 믿음의 표현인 것이다.

우리가 이미 보았듯이 예수님은 친히 엄청난 대가를 치르심으로 그 일을 성취하셨다. 우리 눈에 보이지 않는 하나님께서 나타나셨고, 배우실 것이 없는 하나님께서 학교에 가셨다. 시험 받으실 수 없는 하나님께서 시험을 감당하며 견디셨고, 외로우실 수 없는 하나님께서 처참한 고독 속에 울부짖으셨다. 영원히 살아계신 그분께서 죽음을 맛보셨다. 예수님은 우리에게 죽음이 아닌 생명을 주시기 위해 이 모든 일을 행하셨다. 우리와 하나님과의 깨진 관계를 회복시키시고, 하나님이 본래 의도하셨던 우리의 참 모습을 되찾아주시기 위하여, 주께서 그 모든 고난을 기꺼이 감당하신 것이다. 그래서 바울은 이렇게

말한다. '조금만 더 참고 견딥시다!'

그런데 우리의 다른 선택은 끔찍한 결과를 낳는다. "우리가 주를 부인하면 주도 우리를 부인하실 것이라"(12절). 오히려 예수님에게 '번 노티스'를 통지하는 그리스도인들이 있다는 것이다. 그들은 예수님을 믿고 따르는 것이 자신들에게 위험하다고 판단하여, 예수님의 원수들에게 합류해 버린 자들이다. 하지만 그렇게 함으로써 그들은 자신들의 유일한 소망에서 스스로를 끊어버리게 되고 만다. 바울이 그런 전망을 염두에 두면서 형제들에게 이같이 권면할 때 얼마나 괴로운 심정이었을지 상상하기조차 어렵다.

아마도 우리는 지금 당장은 그 정도까지 주님을 부인할 위기나 시험에 처하지는 않았을 수 있다. 하지만 여전히 한 가닥 줄에 위태롭게 매달려 있는 것처럼 느껴질지도 모르겠다. 어쩌면 한동안 그리스도인의 삶이 무척 힘들게 느껴지는 상황일 수도 있다. 이미 지칠 대로 지친 상태이다. 솔직히 말하면, 끝까지 인내할 수 있을지 확신도 들지 않는다. 결승점까지 갈 연료가 충분히 없는 것 같다. 스스로 생각해 보라. '나의 믿음은 충분히 견고한가?' 지금까지 이 책에서 하나님에 대해 함께 공부했던 내용을 받아들이는 데는 크게 문제가 없을 수 있다. 하지만 여전히 숙면을 취하는 데는 어려움을 겪고 있지 않은가? '내가 힘겹게 주님을 붙잡고 있는 이 손을 결국 놓치지는 않을까' 하는 두려움 때문에 말이다.

바로 그런 이들에게 이 "미쁘신 말씀"에 담긴 바울의 마지막 권면은 엘론 머스크(Elon Musk)의 계좌 비밀번호보다 훨씬 더 큰 가치가 있다. "우리는 미쁨이 없을지라도[즉, '신실하지 않더라도', 'faithless'] 주는 항상 미쁘시니[즉, '신실하시니', 'faithful'] 자기를 부인하실 수 없으시리라"(13절). 무슨 말인지 알겠는가? 우리가 신실하지 못할 때조차, 우리의 믿음이 미약하고 심지어 한심해 보여도, 그래서 신앙인으로서 제대로 할 수 있는 게 없어 보인다고 할지라도, 하나님은 예수 그리스도의 안에서 우리와 맺으신 복음의 약속에 항상 변함없이 신실하시다는 것이다. 하나님은 자신을 우리에게 온전히 내어주셨다. 비록 우리의 믿음이 미약하고 위태로워 보일지라도, 우리가 우리 스스로를 부인하는 것을 마치 그분 자신을 부인하는 것처럼 여기실 만큼 오히려 우리를 향한 하나님의 헌신과 믿음은 한결 같다. 그리고 우리가 이미 읽었듯이 그런 불상사는 발생하지 않을 것이다. "우리는 비록 신실하지 못할지라도, 주는 자기를 부인하실 수 없기에 우리에게 언제나 신실하실 것이다"(개역개정. '우리는 미쁨이 없을지라도 주는 항상 미쁘시니 자기를 부인하실 수 없으시리라').

앞 장에서 우리는 하나님이 "자기를 가리켜 맹세"하심으로, 하나님의 백성에게 확고한 언약의 약속을 주셨다는 말씀에 대해 살펴본 바 있다(히 6:13). 마치 법정에서 선언하시는 것처럼, 하나님은 자신의 존재를 걸고서 하나님 백성과 한번 맺으신 약속이 영원히 유효할 것을 맹세하셨다. 하나님께서 우리를 위해 자기의 모든 것을 걸고 친히 맹세하셨다!

하나님은 자기를 부인하실 수 없다. 하나님은 우리를 포기하실 수 없다. 우리가 한없이 무너지도록 내버려 두실 수 없다. 우리가 나 자신의 힘이나 나 자신의 신실함을 의지한다면 그 속에서는 결코 안전하게 쉴 수 없다. 하지만 우리는 하나님의 능력과 그분의 신실하심 안에서 푹 쉴 수 있다. 오늘밤 우리는 숙면을 취할 수 있다!

감사의 글

작가가 바라는 최고의 은혜롭고 통찰력 있는 편집자 역할을 톡톡히 해 주신 The Good Book Company 출판사의 레이첼 존스 편집자에게; 집필 내내 격려를 아끼지 않았던 여러 친절한 친구들에게(내가 지금 누굴 말하고 있는지 알 거라고 믿는다!); 세인트 바르톨로뮤 교회 식구들에게; 그 누구보다도 샘, 미리암, 해리엇, 올리버, 우리 "터커 일가"(Team Tucker)에게 감사의 마음을 전한다. 오직 하나님께 영광을!

12 Things God Can't Do

Copyright ⓒ 2022 by Nick Tucker

Published by:
The Good Book Company
Blenheim House, 1 Blenheim Road
Epson, Surrey KT19 9AP
UNITED KINGDOM

This edition was published by arrangement
with The Good Book Company through Wen-Sheuan Sung

All rights reserved.

하나님이 행하실 수 없는 12가지

초판 1쇄 발행 | 2024년 8월 20일

지은이 | 닉 터커
옮긴이 | 김태형
펴낸이 | 신은철
펴낸곳 | 좋은씨앗
출판등록 제4-385호(1999. 12. 21)
주소 | (06753) 서울시 서초구 바우뫼로 156(양재동, 엠제이빌딩) 402호
주문전화 | (02) 2057-3041 주문팩스 | (02) 2057-3042
페이스북 | www.facebook.com/goodseedbook
이메일 | good-seed21@hanmail.net

ISBN 978-89-5874-402-3 03230

이 한국어판의 저작권은 Wen-Sheuan Sung을 통하여 The Good Book Company와
독점 계약한 좋은씨앗에 있습니다. 신저작권법에 의하여 한국 내에서 보호를 받는 저작물이므로
무단 전재와 무단 복제를 금합니다.